算数 答えと解き方

小学5年生 大盛り! 夏休みドリル 三訂版 別さつ

おかわりもんだい

JN050869

1 4年生の復習

→ 本さつ1ページ

1 ① 118 ② 63 ③ 30.03 ④ 15.95

⑤
$$\begin{array}{r} 3.68 \\ \times\ \ 25 \\ \hline 1840 \\ 736 \\ \hline 92.00 \end{array}$$

⑥
$$\begin{array}{r} 6.04 \\ 15\,)\overline{90.6} \\ \underline{90} \\ 60 \\ \underline{60} \\ 0 \end{array}$$

2 ① 105 ② 3600 ③ 588 ④ 1530

3 ① 30000 ② 5700000

4 [式]6×7-3×2=36   [答え]36cm²

解き方

1 ①~② ( ) の中, ×・÷, +・-の順に計算します。

2 計算をかん単にするには，次のようにくふうできます。

① (58+12)+35=70+35

② (4×25)×36=100×36

③ (100-2)×6=100×6-2×6
　　=600-12

④ (100+2)×15
　　=100×15+2×15=1500+30

3 ①千の位を四捨五入します。

4 たて 6cm，横 7cm の長方形の面積から，たて 3cm，横 2cm の長方形の面積をひきます。

ほかに，図形を 3 つの長方形に分けて，それぞれの長方形の面積をたして求めるやり方もあります。

6×(7-2-2)=18

(6-3)×2=6　　6×2=12

18+6+12=36

計算まちがいが少なそうな方法で答えを求めましょう。

2 整数と小数

→ 本さつ2ページ

1 上から順に，① 3, 30 ② 26, 260

③ 40.8, 408 ④ 902, 9020

2 上から順に ① 39.7, 3.97

② 6.34, 0.634 ③ 8, 0.8

④ 0.742, 0.0742

3 ① 5437 個 ② 2810 個

③ 64900 個 ④ 325000 個

解き方

1 数を 10 倍, 100 倍, ……すると，小数点の位置は右へ 1 つ, 2 つ, ……移ります。

2 数を $\frac{1}{10}$, $\frac{1}{100}$, ……にすると，小数点の位置は左へ 1 つ, 2 つ, ……移ります。

3 ①0.001 を 1000 個集めると 1 になります。5.437 は 0.001×5437 です。

おかわりもんだい

3.58を10倍, 100倍, $\frac{1}{10}$, $\frac{1}{100}$にした数を書きましょう。

[答え] 順に, 35.8, 358, 0.358, 0.0358

3 体積①

→ 本さつ3ページ

1 ① [式]6×5×3=90   [答え]90cm³

② [式]60×200×80=960000

　　　(0.6×2×0.8=0.96)

　　　　　[答え]960000cm³(0.96m³)

③ [式]3×3×3=27   [答え]27cm³

④ [式]8×8×8=512   [答え]512m³

2 [式]4×6×3=72   [答え]72cm³

解き方

1 ①・② 直方体の体積の公式「たて×横×高さ」にあてはめて求めます。単位にも気をつけましょう。

③・④ 立方体の体積の公式は「1辺×1辺×1辺」です。

2 展開《てんかい》図《ず》を組み立てると右の図のような直方体になります。

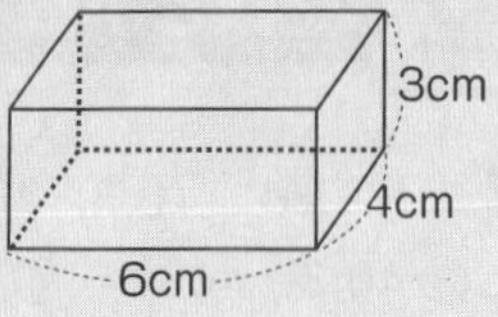

おかわりもんだい

右のような直方体の体積を求めましょう。

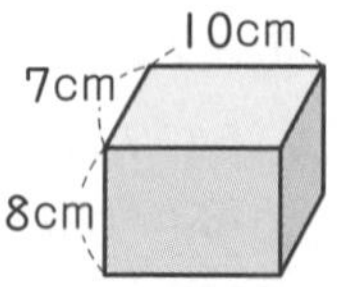

[式]7×10×8=560　[答え]560cm^3

4 体積 ②

➡本さつ4ページ

1 ① [式]10×4×12+10×12×6=1200

[答え]1200cm^3

② [式]6×3×2+4×5×2=76

[答え]76cm^3

③ [式]5×8×6−5×2×3=210

[答え]210cm^3

④ [式]15×12×8−6×6×4=1296

[答え]1296m^3

2

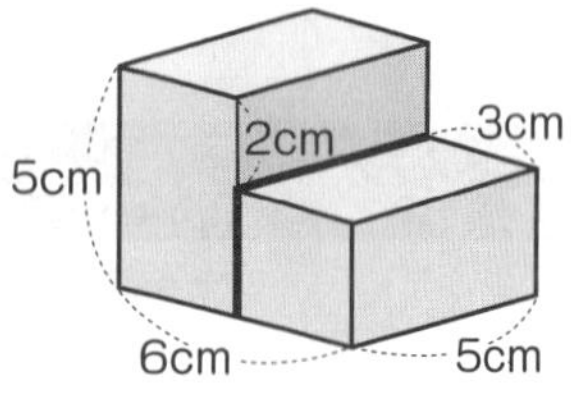

解き方

1 いくつかの直方体に分けてそれぞれの体積の和として求めるか，大きい直方体の体積から小さい直方体の体積をひいて求めます。

2 たて5cm，横3cm，高さ（5−2=）3cmの右の直方体と，たて5cm，横（6−3=）3cm，高さ5cmの左の直方体に分けて求めています。

おかわりもんだい

右のような形の体積を求めましょう。

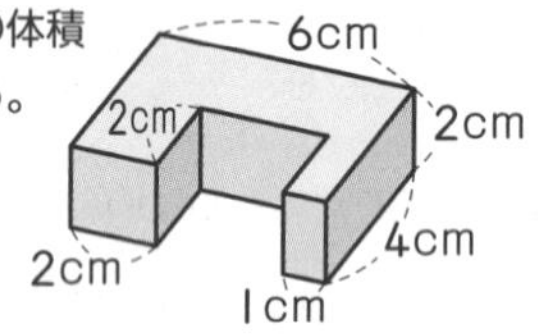

[式]4×6×2−2×3×2=36

[答え]36cm^3

5 体積 ③

➡本さつ5ページ

1 ① 1mL　② 1L　③ 1kL

2 ① 3000000　② 5　③ 800000

④ 7000　⑤ 0.004　⑥ 4000

⑦ 0.65　⑧ 0.5

3 ① [式]25×30×20=15000

15000cm^3=15000mL

[答え]15000mL

② [式]1.5×2×1=3

3m^3=3000L　[答え]3000L

解き方

2 1L=10dL=1000mL=1000cm^3

1m^3=1000000cm^3=1000L

おかわりもんだい

□にあう数を書きましょう。

① 4dL=□mL

② 0.8L=□dL

[答え] ① 400　② 8

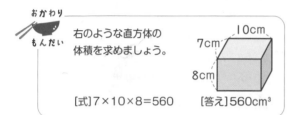

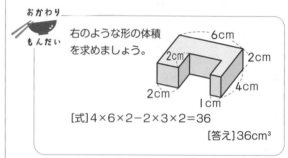

6 比例 ①

➡ 本さつ6ページ

1 ① 8×5×□＝○

② 左から順に 80，120，160，200

③ いえる　④ 7cm　⑤ 10 倍

2 ① □×6＝○

② 左から順に 12，18，24，30

③ いえる　④ 7cm　⑤ 4.5 倍

解き方

1 高さが 2 倍，3 倍，……になると，体積も 2 倍，3 倍，……になるので，比《ひ》例《れい》しています。

④ 280÷40＝7(cm)

2 底辺が 2 倍，3 倍，……になると，面積も 2 倍，3 倍，……になるので，比《ひ》例《れい》しています。

④ 42÷6＝7(cm)

⑤ 54÷12＝4.5(倍)

おかわりもんだい

たて 3cm，横□cm の長方形の面積を○cm² とします。

① 面積を求める式を書きましょう。

② 面積は，横の長さに比《ひ》例《れい》しますか。

［答え］① 3×□＝○　② 比《ひ》例《れい》する

7 比例 ②

➡ 本さつ7ページ

1 ① ○　② ×　③ ○　④ ○　⑤ ×

2 ㋐ 9　㋑ 27　㋒ 36

解き方

1 □が 2 倍，3 倍，……になると○も 2 倍，3 倍，……になるとき，○は□に比《ひ》例《れい》しています。①，③，④は，□が 2 倍になると○も 2 倍に，□が 3 倍になると○も 3 倍になっています。

2 ㋐ 18 が㋐の 2 倍なので，18÷2＝9

㋑ ㋑が㋐の 3 倍なので，9×3＝27

おかわりもんだい

1m のねだんが 80 円のテープを買うときの，買う長さと代金の関係を調べます。

長さ（m）	1	2	3	4	
代金（円）					

① 表のあいているところにあてはまる数を書きましょう。

② テープの代金は長さに比《ひ》例《れい》していますか。

［答え］① 左から順に，80，160，240，320

② 比《ひ》例《れい》している。

8 小数のかけ算 ①

➡ 本さつ8ページ

1

① 4 × 3.2 ＝ 12.8

② 5 × 1.6 ＝ 8.~~0~~

③ 8 × 0.6 ＝ 4.8

④ 5 × 0.8 ＝ 4.~~0~~

⑤ 7 × 1.2 ＝ 8.4

⑥ 6 × 3.6 ＝ 21.6

⑦ 15 × 0.7 ＝ 10.5

⑧ 12 × 3.1：12，36，37.2

⑨ 6 × 0.43 ＝ 2.58

⑩ 2 × 3.85 ＝ 7.7~~0~~

⑪ 4 × 0.25 ＝ 1.~~00~~

⑫ 3 × 7.24 ＝ 21.72

2 ㋑，㋒（順不同）

3 ① 978.2　② 97.82　③ 978.2

解き方

1 小数をかける筆算では，小数点がないものとして計算し，答えの小数点を，かける数の小数点にそろえてうちます。②，④，⑩，⑪のように，小数点より下の位の右はしの 0 は消しておきます。

2 1 より小さい数をかけると，積はかけられた数より小さくなります。

おかわりもんだい

筆算でしましょう。

① 3×2.8　② 4×4.5　③ 8×2.25

［答え］① 8.4　② 18　③ 18

9 小数のかけ算 ②

➡本さつ9ページ

1 ① 100，3.18　② 100，2　③ 1000，0.3
④ 1000，0.294

2

①
```
   1.6
 × 2.3
   4 8
 3 2
 3.6 8
```
②
```
   3.1 2
 ×  2.4
 1 2 4 8
 6 2 4
 7.4 8 8
```
③
```
   1.5
 × 3.7
 1 0 5
 4 5
 5.5 5
```
④
```
   2.8
 × 0.4
 1.1 2
```
⑤
```
   5.6
 × 1.5
 2 8 0
 5 6
 8.4 0 (0を消す)
```
⑥
```
  3.4 8
 ×  1.2
   6 9 6
 3 4 8
 4.1 7 6
```
⑦
```
   5.2 8
 ×   0.6
 3.1 6 8
```
⑧
```
   0.2 5
 ×   5.4
   1 0 0
 1 2 5
 1.3 5 0 (0を消す)
```
⑨
```
   0.0 8
 ×   0.7
 0.0 5 6
```
⑩
```
   0.1 4
 ×   3.9
   1 2 6
   4 2
 0.5 4 6
```

解き方

1 かけ算の性質《せいしつ》が使えます。

① 5.3×0.6
＝(5.3×10)×(0.6×10)÷100
＝318÷100＝3.18

② 0.04×7.5
＝(0.04×100)×(7.5×10)÷1000
＝0.3

2 小数点がないものとして計算して，答えの小数点は，かける数とかけられる数の小数点以下のけた数の和だけ，右から数えてうちます。⑨や⑩のように，答えのけた数がたりない場合は，0. や 0.0 などをおぎなって，小数点以下のけた数をそろえます。

```
   0.0 8 ←2けた
 ×   0.7 ←1けた
 0.0 5 6 ←3けた
```

おかわりもんだい

筆算でしましょう。
① 3.8×2.3　② 4.2×3.5　③ 0.34×1.6
［答え］ ① 8.74　② 14.7　③ 0.544

10 小数のかけ算 ③

➡本さつ10ページ

1 ① 1.8×2.5×4＝1.8×(2.5×4)
＝1.8×10＝18

② 3.5×1.7＋3.5×2.3＝3.5×(1.7＋2.3)
＝3.5×4＝14

③ 99×2.5＝(100－1)×2.5
＝100×2.5－1×2.5
＝250－2.5＝247.5

④ 25×10.4＝25×(10＋0.4)
＝25×10＋25×0.4
＝250＋10＝260

⑤ 0.5×9.8×8＝0.5×8×9.8
＝4×9.8＝39.2

⑥ 9.6×2.8－3.6×2.8＝(9.6－3.6)×2.8
＝6×2.8＝16.8

⑦ 8.3×24－8×24＝(8.3－8)×24
＝0.3×24＝7.2

⑧ 102×1.5＝(100＋2)×1.5
＝100×1.5＋2×1.5
＝150＋3＝153

⑨ 0.5×3.14＋1.5×3.14＝(0.5＋1.5)×3.14
＝2×3.14＝6.28

⑩ 19.8×15＝(20－0.2)×15
＝20×15－0.2×15
＝300－3＝297

2 ① 20，750　② 4，111

解き方

1 ③，④，⑧，⑩は数を分解《ぶんかい》して計算します。

2 ① 5×4＝20 を利用します。
② 25＝100÷4 を利用します。

おかわりもんだい

くふうして計算しましょう。
① 3.5×9×2　② 7.8×7＋2.2×7
③ 25×10.2
［答え］ ① 7×9＝63　② 10×7＝70
③ 25×10＋25×0.2＝255

11 小数のかけ算 ④

➡本さつ11ページ

筆算はあとにあります。

1 [式]50×2.5＝125　　[答え]125 円

2 [式]4×3.2＝12.8　　[答え]12.8kg

3 [式]3.8×1.2＝4.56　　[答え]4.56kg

4 [式]0.8×0.6＝0.48　　[答え]0.48kg

5 [式]12.5×3.6＝45　　[答え]45 円

[筆算] **1**

$$\begin{array}{r} 50 \\ \times\ 2.5 \\ \hline 250 \\ 100 \\ \hline 125.\not{0} \end{array}$$

2

$$\begin{array}{r} 4 \\ \times 3.2 \\ \hline 12.8 \end{array}$$

3

$$\begin{array}{r} 3.8 \\ \times 1.2 \\ \hline 76 \\ 38 \\ \hline 4.56 \end{array}$$

4

$$\begin{array}{r} 0.8 \\ \times 0.6 \\ \hline 0.48 \end{array}$$

5

$$\begin{array}{r} 12.5 \\ \times\ 3.6 \\ \hline 750 \\ 375 \\ \hline 45.\not{0}\not{0} \end{array}$$

解き方

数や量が小数の場合も，考え方は整数のときと同じです。関係を表す式を考えましょう。

1「代金＝1m のねだん×買う長さ」で求めます。

2「全体の重さ＝1m の重さ×長さ」で求めます。

おかわりもんだい

1m の重さが 1.8kg のパイプがあります。このパイプ 0.8m の重さは何 kg ですか。

[式]1.8×0.8＝1.44　　[答え]1.44kg

12 小数のかけ算 ⑤

➡本さつ12ページ

筆算はあとにあります。

1 ① [式]1.6×3.2＝5.12　　[答え]5.12cm²

② [式]0.6×1.5＝0.9　　[答え]0.9m²

2 [式]1.4×3.58＝5.012　　[答え]5.012m²

3 ① [式]2.4×3.6×0.9＝7.776

[答え]7.776m³

② [式]6.2×6.2×6.2＝238.328

[答え]238.328cm³

[筆算] **1** ①

$$\begin{array}{r} 1.6 \\ \times 3.2 \\ \hline 32 \\ 48 \\ \hline 5.12 \end{array}$$

②

$$\begin{array}{r} 0.6 \\ \times 1.5 \\ \hline 30 \\ 6 \\ \hline 0.9\not{0} \end{array}$$

2

$$\begin{array}{r} 1.4 \\ \times 3.58 \\ \hline 112 \\ 70 \\ 42 \\ \hline 5.012 \end{array}$$

3 ①

$$\begin{array}{r} 2.4 \\ \times 3.6 \\ \hline 144 \\ 72 \\ \hline 8.64 \end{array}$$

$$\begin{array}{r} 8.64 \\ \times\ 0.9 \\ \hline 7.776 \end{array}$$

②

$$\begin{array}{r} 6.2 \\ \times\ 6.2 \\ \hline 124 \\ 372 \\ \hline 38.44 \end{array}$$

$$\begin{array}{r} 38.44 \\ \times\ 6.2 \\ \hline 7688 \\ 23064 \\ \hline 238.328 \end{array}$$

解き方

辺の長さが小数の場合も，面積や体積の公式が使えます。

おかわりもんだい

下の図の面積や体積を求めましょう。

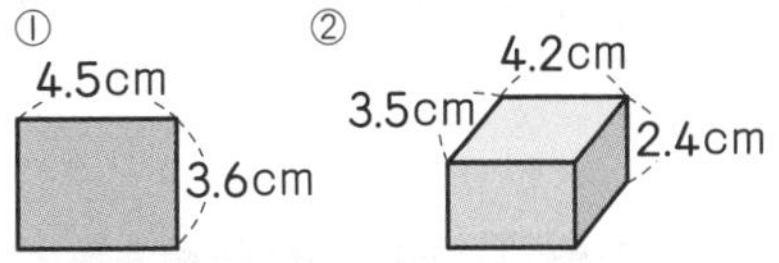

① [式]3.6×4.5＝16.2

② [式]3.5×4.2×2.4＝35.28

[答え] ① 16.2cm²　② 35.28cm³

13 小数のかけ算 ⑥

➡本さつ13ページ

筆算はあとにあります。

1 ① [式]6÷8＝0.75　　[答え]0.75 倍

② [式]5÷8＝0.625　　[答え]0.625 倍

2 ① [式]4.8×0.5＝2.4　　[答え]2.4kg

② [式]4.8×1.2＝5.76　　[答え]5.76kg

③ [式]4.8×0.25＝1.2　　[答え]1.2kg

［筆算］ **1** ①
```
     0.75
  8)6.0
    56
     40
     40
      0
```
②
```
     0.625
  8)5.0
    48
     20
     16
      40
      40
       0
```

2 ①
```
   4.8
 ×0.5
  2.40
```
②
```
   4.8
 × 1.2
    96
   48
   5.76
```
③
```
    4.8
 ×0.25
    240
    96
  1.200
```

解き方

1 ○は□の何倍ですか→○÷□

大切 もとにする量と比《くら》べる量を逆《ぎゃく》にしてしまうまちがいがあります。「□の何倍ですか」とあったら，□がもとにする量です。

おかわりもんだい

りんごが 18 個《こ》, みかんが 24 個《こ》あります。りんごの個《こ》数はみかんの個《こ》数の何倍ですか。

［式］18÷24=0.75　　［答え］0.75 倍

14 小数のわり算 ①

➡ 本さつ14ページ

1 ① 6000，500　② 85，40

2 ①
```
        20
  2.5)50.0
      50
       0
```
②
```
         60
  0.3)18.0
      18
       0
```
③
```
         30
  0.7)21.0
      21
       0
```
④
```
         80
  1.5)120.0
      120
        0
```
⑤
```
        5
  1.6)8.0
      80
       0
```
⑥
```
        15
  2.4)36.0
      24
      120
      120
        0
```
⑦
```
         8
  3.5)28.0
      280
        0
```
⑧
```
        7.5
  3.2)24.0
      224
       160
       160
         0
```

⑨
```
       7.5
  1.2)9.0
      84
       60
       60
        0
```
⑩
```
        6.25
  2.4)15.0
      144
        60
        48
        120
        120
          0
```

解き方

1 小数のわり算も，整数のわり算と同じように計算します。わられる数とわる数に同じ数をかけても，商は変わらないので，わる数が整数になるように，10 や 100 をかけて計算しましょう。

2 小数でわる計算は，わる数とわられる数の小数点の位置を同じけたの数だけ右に移《うつ》し，わる数を整数にして計算します。商の小数点は，わられる数の移《うつ》した小数点の位置にそろえてうちます。

おかわりもんだい

計算をしましょう。

① 17÷3.4　② 6÷7.5

［答え］① 5　② 0.8

15 小数のわり算 ②

➡ 本さつ15ページ

1 ① 504，36　② 12，2.7

2 ①
```
        17
  1.5)25.5
      15
      105
      105
        0
```
②
```
        18
  1.6)28.8
      16
      128
      128
        0
```
③
```
        1.9
  2.2)4.18
      22
      198
      198
        0
```
④
```
        1.8
  2.9)5.22
      29
      232
      232
        0
```
⑤
```
          40
  0.29)11.60
       116
         0
```
⑥
```
        2.9
  1.5)4.35
      30
      135
      135
        0
```

⑦
37
0.8)29.6
24
56
56
0

⑧
6.5
2.8)18.2
168
140
140
0

⑨
7.2
0.5)3.6
35
10
10
0

⑩
6.5
0.18)1.17
108
90
90
0

解き方

⑭と同様に，わる数が整数になるように，わられる数とわる数に 10 や 100 をかけて計算します。

おかわりもんだい

計算をしましょう。
① 12.04÷4.3　② 4.9÷1.4
[答え] ① 2.8　② 3.5

16 小数のわり算 ③

➡本さつ16ページ

筆算はあとにあります。

1 [式]280÷3.5＝80　[答え]80 円
2 [式]324÷1.8＝180　[答え]180g
3 [式]8÷3.2＝2.5　[答え]2.5m
4 [式]6÷2.5＝2.4　[答え]2.4m
5 [式]10÷0.4＝25　[答え]25 本

[筆算]

1
80
3.5)280.0
280
0

2
180
1.8)324.0
18
144
144
0

3
2.5
3.2)8.0
64
160
160
0

4
2.4
2.5)6.0
50
100
100
0

5
25
0.4)10.0
8
20
20
0

解き方

1 1m のねだん×3.5(m)＝280(円) から考えましょう。

3 たての長さ×3.2(m)＝8(m²) から考えましょう。

4 青いリボンの長さ×2.5＝6(m) から考えましょう。

5 0.4(L)×ビンの本数＝10(L) から考えましょう。

おかわりもんだい

お父さんの体重は 68kg で，弟の体重の 2.5 倍あります。弟の体重は何 kg ですか。
[式]68÷2.5＝27.2　[答え]27.2kg

17 小数のわり算 ④

➡本さつ17ページ

筆算はあとにあります。

1 [式]6.3÷1.5＝4.2　[答え]4.2kg
2 [式]63.6÷0.53＝120　[答え]120 個
3 [式]47.6÷5.6＝8.5　[答え]8.5m
4 [式]3.06÷3.6＝0.85　[答え]0.85 倍
5 [式]2.25÷1.25＝1.8　[答え]1.8km

[筆算]

1
4.2
1.5)6.3
60
30
30
0

2
120
0.53)63.60
53
106
106
0

3
8.5
5.6)47.6
448
280
280
0

4
0.85
3.6)3.06
288
180
180
0

5
1.8
1.25)2.25
125
1000
1000
0

解き方

1 1m の重さ＝全体の重さ÷長さ

2 個《こ》数＝全体の重さ÷1 個《こ》の重さ

4 3.6m がもとにする量です。

5 南駅から中駅までの道のり×1.25 が 2.25km になります。

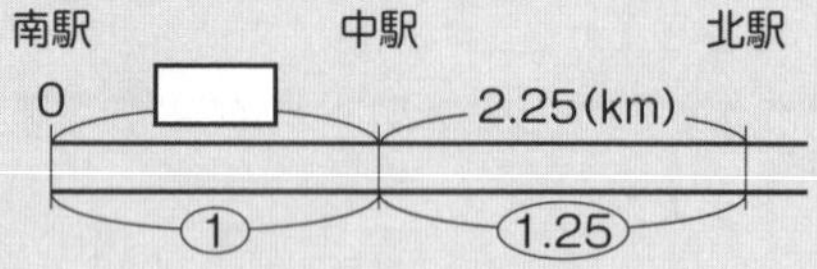

おかわりもんだい

油を 9.5L 入れると深さが 3.8cm になる直方体のかんに，油 1L を入れると，深さは何 cm になりますか。

[式]3.8÷9.5=0.4　　[答え]0.4cm

18 小数のわり算 ⑤

➡ 本さつ18ページ

1

①
```
        7
0.8)5.9
    5 6
    0.3
```

②
```
        2
3.2)7.6
    6 4
    1.2
```

③
```
        1 5
0.9)1 3.9
      9
      4 9
      4 5
      0.4
```

④
```
        1 2
1.9)2 3.5
    1 9
      4 5
      3 8
      0.7
```

⑤
```
        1 6
3.8)6 0.9
    3 8
    2 2 9
    2 2 8
      0.1
```

2

①
```
        0.8
0.3)0.2 6
      2 4
    0.0 2
```

②
```
        3.2
1.5)4.9
    4 5
      4 0
      3 0
    0.1 0
```

③
```
          6.5
2.5)1 6.4
    1 5 0
      1 4 0
      1 2 5
      0.1 5
```

解き方

1 商は，小数点を移《うつ》したわられる数の一の位まで計算します。あまりの小数点は，わられる数のもとの小数点の位置にそろえてうちます。

大切 商，あまりともに，小数点の位置に気をつけましょう。

おかわりもんだい

次の計算をしましょう。①は商を一の位まで，②は$\frac{1}{10}$の位まで求め，あまりも求めましょう。

① 6.4÷2.3　② 3.85÷1.2

[答え] ① 2 あまり 1.8

② 3.2 あまり 0.01

19 小数のわり算 ⑥

➡ 本さつ19ページ

1

①
```
            3
        1 2.2 7
3.6)4 4.2
    3 6
      8 2
      7 2
      1 0 0
        7 2
        2 8 0
        2 5 2
          2 8
```
[答え]12.3

②
```
          4
        1.3 8
4.2)5.8
    4 2
    1 6 0
    1 2 6
      3 4 0
      3 3 6
          4
```
[答え]1.4

③
```
        3 0.2 0
2.4)7 2.5
    7 2
        5 0
        4 8
        2 0
          0
        2 0
```
[答え]30.2

④
```
            8
        9.7 5
0.4)3.9
    3 6
      3 0
      2 8
        2 0
        2 0
          0
```
[答え]9.8

⑤
```
              2
          0.1 8
2 4.6)4 4.3
      2 4 6
      1 9 7 0
      1 9 6 8
            2
```
[答え]0.2

解き方

1 商は，$\frac{1}{100}$の位まで求めて，$\frac{1}{100}$の位の数を四捨五入《ししゃごにゅう》します。

おかわりもんだい

次の商を四捨五入《ししゃごにゅう》して，$\frac{1}{10}$の位までのがい数で答えましょう。

① 7.6÷1.8　② 13.8÷5.6

[答え] ① 4.2　② 2.5

20 合同な図形 ①

➡ 本さつ20ページ

1 ㊁と㊅，㋕と㋗

2 ① 63°　② 10cm　③ 角 C《シー》

3 三角形 ABC《エービーシー》 と三角形 CDA《シーディーエー》，
三角形 ABD《エービーディー》 と三角形 CDB《シーディービー》，
三角形 ADE《エーディーイー》 と三角形 CBE《シービーイー》，
三角形 ABE《エービーイー》 と三角形 CDE《シーディーイー》(順不同)

解き方

1 ㊁と㊅は直径が３めもりの円で合同です。㋕と㋗は直角をはさむ辺が３めもりと４めもりの直角三角形で合同です。

2 頂点《ちょうてん》 A《エー》 と頂点《ちょうてん》 E《イー》，頂点《ちょうてん》 B《ビー》 と頂点《ちょうてん》 F《エフ》，頂《ちょう》点《てん》 C《シー》 と頂点《ちょうてん》 G《ジー》，頂点《ちょうてん》 D《ディー》 と頂点《ちょうてん》 H《エイチ》 が対《たい》応《おう》しています。

3 対応《たいおう》する順に頂点《ちょうてん》をかきましょう。

おかわりもんだい

右の２つの三角形は合同です。三角形 ABC《エービーシー》 で，4cm の辺と，3cm の辺はどれですか。

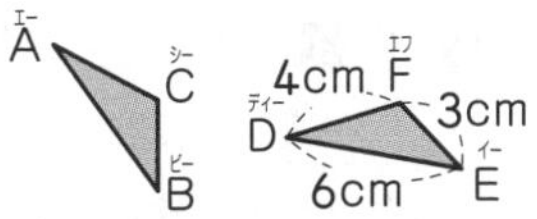

[答え] 4cm の辺…辺 AC《エーシー》，3cm の辺…辺 BC《ビーシー》

21 合同な図形 ②

➡ 本さつ21ページ

1 ①（例）

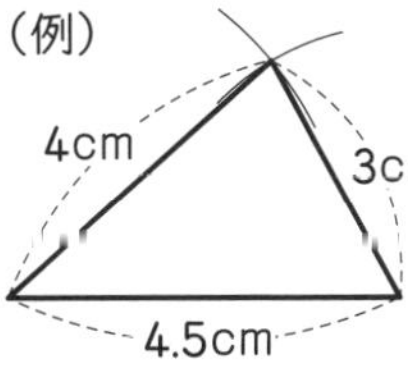

②（例）

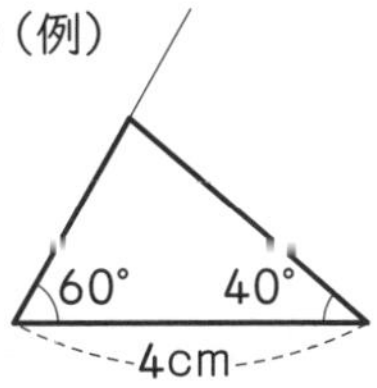

2 ①（例）

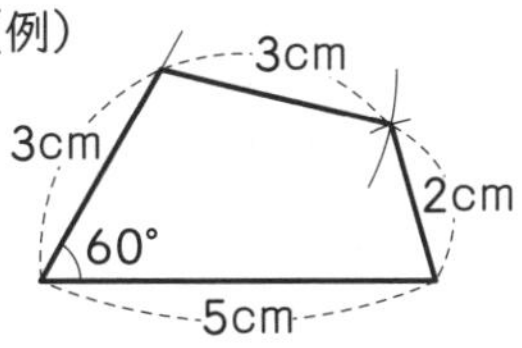

②（例）

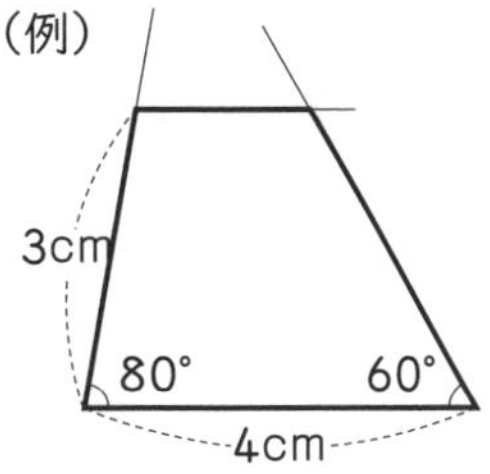

解き方

1 ② 4cm の長さの辺をかき，その辺の両はしから分度器で 60°，40°の角をとります。

2 ② 4cm の辺の両側に，80°の角の 3cm の辺と，60°の角の直線をかきます。辺 AD《エーディー》 は辺 BC《ビーシー》 に平行になるようにかきます。

おかわりもんだい

２つの辺の長さが 3cm と 4cm で，その間の角が 50°の三角形をかきましょう。

[答え]（例）

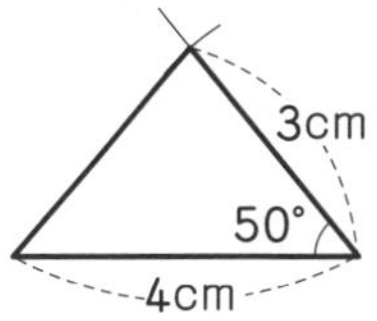

22 図形と角

➡ 本さつ22ページ

1 ① [式] 180°−60°−80°＝40°　[答え] 40°

② [式] 180°−90°−55°＝35°　[答え] 35°

③ [式] 180°−55°−55°＝70°　[答え] 70°

④ [式] 180°−150°＝30°

180°−45°−30°＝105°　[答え] 105°

2 ① [式]360°－(70°＋120°＋100°)

＝360°－290°＝70°　　[答え]70°

② [式]360°－(125°＋70°＋55°)

＝360°－250°＝110°

180°－110°＝70°　　[答え]70°

3 ㋐4　㋑4　㋒720　㋓8　㋔8　㋕1440

解き方

1 三角形の3つの角の和が180°であることを利用します。

2 四角形の4つの角の和が360°であることを利用します。

おかわりもんだい

八角形の角の大きさの和は何度ですか。

[式]180×(8－2)＝1080　[答え]1080°

23 1学期のまとめ

➡本さつ23ページ

1

① $\begin{array}{r} 24 \\ \times\ 1.7 \\ \hline 168 \\ 24 \\ \hline 40.8 \end{array}$　② $\begin{array}{r} 35 \\ \times\ 2.6 \\ \hline 210 \\ 70 \\ \hline 91.\not{0} \end{array}$　③ $\begin{array}{r} 2.9 \\ \times\ 4.7 \\ \hline 203 \\ 116 \\ \hline 13.63 \end{array}$　④ $\begin{array}{r} 0.24 \\ \times\ 1.3 \\ \hline 72 \\ 24 \\ \hline 0.312 \end{array}$

⑤ $\begin{array}{r} 0.6 \\ 1.2\overline{)0.72} \\ 72 \\ \hline 0 \end{array}$　⑥ $\begin{array}{r} 0.25 \\ 6.4\overline{)1.60} \\ 128 \\ \hline 320 \\ 320 \\ \hline 0 \end{array}$

⑦ $\begin{array}{r} 1.4 \\ 4.5\overline{)6.3} \\ 45 \\ \hline 180 \\ 180 \\ \hline 0 \end{array}$　⑧ $\begin{array}{r} 2.5 \\ 3.6\overline{)9.0} \\ 72 \\ \hline 180 \\ 180 \\ \hline 0 \end{array}$

2 [式]240÷2＝120

120×5＝600　　[答え]600円

3 [式]10×6×12＋10×8×7＝1280

[答え]1280cm³

解き方

2 まず，リボン1mのねだんを求めます。

3 横が6cmの直方体と横が8cmの直方体に分けて求めます。上と下の2つの直方体に分けて求めてもよいです。

24 2学期の先取り

➡本さつ24ページ

1 ① 3，6，9，12，15，18，21，24，27

② 2，4，6，8，10，12，14，16，18

2 ① 6，12，18　② 10，20，30

3 ① 1，2，4，8，16　② 1，2，3，4，6，12

4 ① 1，2，4　② 1，7

5 ① 4　② 5

解き方

1 1倍，2倍，3倍，……，9倍した数です。九九を思い出しましょう。

2 ① **1**の①と②に共通する数が，2と3の公倍数です。

② 10は5の倍数なので，10の倍数はすべて5の倍数です。

3 ① 16をわりきることのできる整数です。

② 12をわりきることのできる整数です。

4 ① **3**の①と②に共通する数が，12と16の公約数です。

② 21と35の約数を書きだして，共通する数が21と35の公約数です。

21の約数は，①，3，⑦，21

35の約数は，①，5，⑦，35

5 わり算の商は分数で表すことができます。

$□÷○＝\dfrac{□}{○}$です。

理科 答えと解き方

1 花のつくり

➡本さつ25ページ

1 ①おしべ ②めしべ ③おしべ
④めしべ ⑤めしべ
⑥「エンドウ」に○ ⑦めしべ
⑧おしべ ⑨めしべ ⑩おしべ

解き方

1 アサガオやアブラナの花は，中心にめしべがあり，その周りをおしべ，花びら，がくの順に囲《かこ》んでいます。エンドウの花も同じつくりをしています。
左下の図はヘチマのめばな，右下の図はヘチマのおばなです。

ヘチマには，めしべがあるめばなとおしべがあるおばながあります。ツルレイシやヒョウタンもめばなとおばながあります。

2 植物の発芽と成長

➡本さつ26ページ

1 ①㋒（と）㋕（完答，順不同）
②㋐（と）㋓（完答，順不同）
③㋑（と）㋔（完答，順不同）

2 ①水，空気，適当《てきとう》な温度（完答，順不同）
②風

解き方

1 調べたい条件《じょうけん》以外の条件《じょうけん》は，全て同じになるようにします。
「水」が必要かどうかを調べるときは，「空気」と「温度」の条件《じょうけん》は同じにします。

「空気」が必要かどうかを調べるときは，「水」と「温度」の条件《じょうけん》は同じにします。

「適当《てきとう》な温度」が必要かどうかを調べるときは，「水」と「空気」の条件《じょうけん》は同じにします。

2 植物がよく育つためには，発芽に必要な条件《じょうけん》（水，空気，適当《てきとう》な温度）のほかに，光と肥料《ひりょう》が必要です。

3 メダカのたんじょう

➡本さつ27ページ

1 ①めす ②ない ③短い
④おす ⑤ある ⑥平行四辺形

2 ㋒（→）㋐（→）㋑（→）㋓（完答）

解き方

1 メダカのめすとおすは，せびれとしりびれで見分けます。
めすは，せびれに切れこみがなく，しりびれの後ろが短くなっています。おすは，せびれに切れこみがあり，しりびれが平行四辺形に近い形をしています。

2 たまごの中で，少しずつメダカのからだができていき，受精《じゅせい》から約2週間たつと，たまごからメダカの子どもがかえります。たまごからかえる日数は水温によって変わります。

4 人のたんじょう

➡ 本さつ28ページ

1 ① たいばん　② 「養分」に○
③ へそのお　④ 「たいばん」に○
⑤ 羊水《ようすい》　⑥ 「液体《えきたい》」に○

2 それぞれ次のものに○をつけます。
① 卵《らん》（卵子《らんし》）　② 精子《せいし》　③ 受精《じゅせい》
④ 子宮《しきゅう》

解き方

1 たいばんは，母親から運ばれてきた養分などと，子どもから運ばれてくるいらなくなった物を交かんするところです。たいばんは子宮《しきゅう》のかべにあり，へそのおとつながっています。
羊水《ようすい》は子宮《しきゅう》の中にある液体《えきたい》で，外部からの力をやわらげ，子どもを守ります。

2 卵《らん》（卵子《らんし》）と精子《せいし》が結びつくことを受《じゅ》精《せい》，受精《じゅせい》した卵《らん》を受精卵《じゅせいらん》といいます。
受精卵《じゅせいらん》は母親の子宮《しきゅう》の中で成長し，受精《じゅせい》して約38週間で子どもがたんじょうします。

5 天気の変化

➡ 本さつ29ページ

1

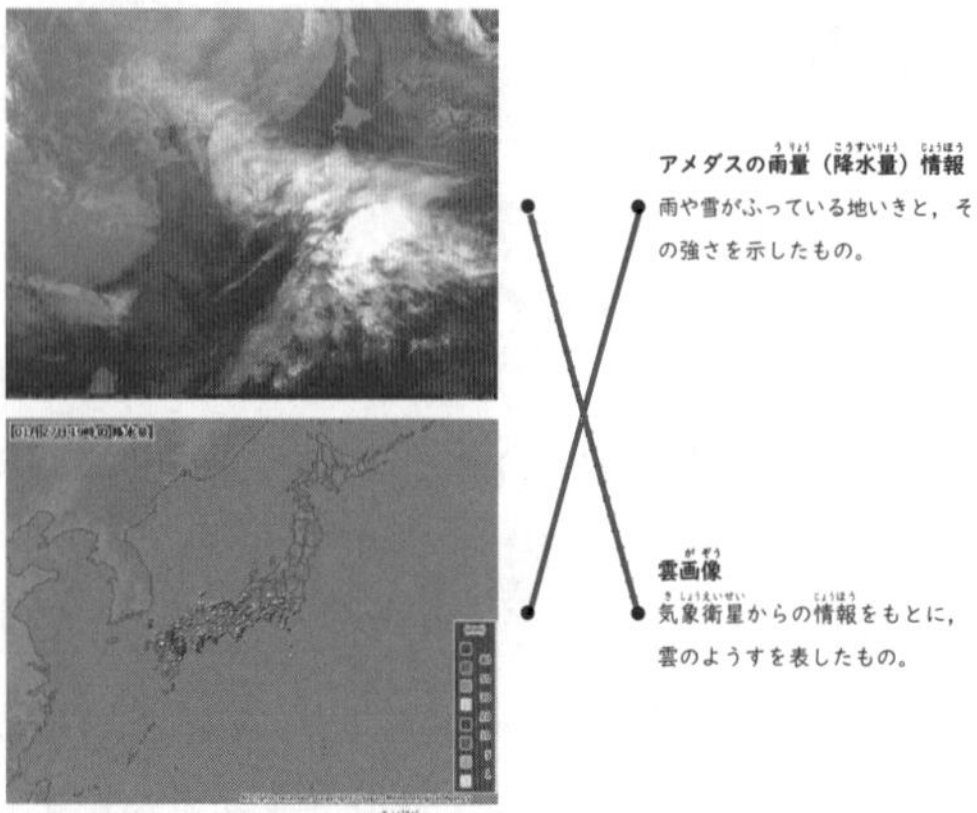

出典:気象庁ホームページ

2 それぞれ次のものに○をつけます。

① 西　② 東　③ 西

解き方

1 アメダス（地いき気象観測《きしょうかんそく》システム）は，風向・風速，気温，雨量《うりょう》（降水量《こうすいりょう》），しつ度などを観測《かんそく》，集計するシステムです。観《かん》測《そく》する場所は全国に約1300か所あります。

2 ①・② 日本付近では，上空にふいている強い風のため，雲はおよそ西から東へ動いていきます。
③ 雲がおよそ西から東へ動いていくため，天気も西から変わることが多くなります。

6 台風と気象情報

➡ 本さつ30ページ

1 ㋒

2 それぞれ次のものに○をつけます。
① 南　② 海上　③ 夏　④ 秋
⑤ 西　⑥ 強い　⑦ 強い

解き方

1 北半球では，台風の雲は，反時計回りにうずをまいています。強い台風では，中心付近に雲のない部分が見られます。
㋐は冬によく見られる雲画像《がぞう》，㋑はつゆの時期によく見られる雲画像《がぞう》です。

2 ①・② 台風は，日本列島の南のほうにある，赤道付近の海上で発生します。赤道付近では，太陽からの強い光によって，海の水がさかんにじょう発して，上空に積《せき》らん雲《うん》ができ，それが集まって台風ができます。

社会 答えと解き方

1 世界の中の国土

➡本さつ31ページ

1 ㋐ 太平洋《たいへいよう》 ㋑ ユーラシア

㋒ アフリカ

2 ①ⓐ 択捉島《えとろふとう》 ⓘ 南鳥島《みなみとりしま》

ⓤ 与那国島《よなぐにじま》 ⓔ 沖ノ鳥島《おきのとりしま》

②ⓐ イ ⓞ ウ ⓚ ア

解き方

1 6つの大陸は，広い順に，ユーラシア大陸，アフリカ大陸，北アメリカ大陸，南アメリカ大陸，南極《なんきょく》大陸，オーストラリア大陸となります。世界の3つの大きな海洋は，広い順に太平洋《たいへいよう》，大西洋《たいせいよう》，インド洋《よう》となります。

2 ① 択捉島《えとろふとう》は北海道《ほっかいどう》，南鳥島《みなみとりしま》と沖ノ鳥島《おきのとりしま》は東京都《とうきょうと》，与那国島《よなぐにじま》は沖縄県《おきなわけん》に属《ぞく》します。

② ⓐ 択捉島《えとろふとう》と，国後島《くなしりとう》，色丹島《しこたんとう》，歯舞《はぼまい》群島《ぐんとう》は，第二次世界大戦《だいにじせかいたいせん》中にソビエト連邦《れんぽう》に占領《せんりょう》され，現在《げんざい》はロシア連邦《れんぽう》が占領《せんりょう》しており，北方領土《ほっぽうりょうど》とよばれています。

ⓞ 日本海《にほんかい》にある竹島《たけしま》は，島根県《しまねけん》に属《ぞく》する島ですが，大韓民国《だいかんみんこく》〔韓国《かんこく》〕に占領《せんりょう》されています。

ⓚ 東シナ海にある尖閣諸島《せんかくしょとう》は，沖縄《おきなわ》県《けん》に属《ぞく》する無人島です。中華人民《ちゅうかじんみん》共和国《きょうわこく》〔中国《ちゅうごく》〕が領有《りょうゆう》を主張《しゅちょう》し，日本の許可《きょか》なく船を島に近づけるなどしています。

2 国土の地形の特色

➡本さつ32ページ

1 ① 日高《ひだか》 ② 越後《えちご》 ③ 信濃《しなの》 ④ 木曽《きそ》

⑤ 奥羽《おうう》 ⑥ 利根《とね》 ⑦ 関東《かんとう》 ⑧ 甲府《こうふ》

⑨ 琵琶《びわ》 ⑩ 九州《きゅうしゅう》

解き方

1 ② 信濃川《しなのがわ》の下流に広がる平野で，米づくりがさかんです。

③ 日本最長の川です。

④ 赤石山脈《あかいしさんみゃく》は南アルプス，木曽山脈《きそさんみゃく》は中央アルプス，飛騨山脈《ひださんみゃく》は北アルプスとよばれ，3つの山脈《さんみゃく》を合わせて，日本アルプスといいます。

⑤ 東北《とうほく》地方を太平洋《たいへいよう》側と日本海《にほんかい》側に分けている山脈《さんみゃく》です。

⑨ 滋賀県《しがけん》にある，日本最大の湖です。

3 低い土地のくらし／高い土地のくらし

➡本さつ33ページ

1 ① 低い ②㋐ 治水 ㋑ 減《へ》り ③ 6度 ④ ア

⑤ 7（月から）10（月にかけて）

解き方

1 ① 田や畑，家，水屋《みずや》は，川の水面よりも低いところにあります。図のように，川にはさまれ，堤防《ていぼう》で囲《かこ》まれた土地は，輪中《わじゅう》とよばれます。

② グラフを見ると，治水工事（水害を防《ふせ》ぐための工事）のおかげで，1901～1950年の水害の発生件数《けんすう》は，その前の50年間に比《くら》べて3分の1以下に減《へ》ったことがわかります。

④ 日本では，北に行くほど，あるいは高い所ほど気温が低くなります。東《とう》京《きょう》と嬬恋村《つまごいむら》は南北にあまりはなれていないので，嬬恋村《つまごいむら》の気温が東京《とうきょう》より低いのは，標高が高いためとわかります。

4 国土の気候の特色

➡ 本さつ34ページ

1 ①㋐ 四季　㋑ つゆ　㋒ 台風
② 冬　③ 季節風〔モンスーン〕
④㋐ ウ　㋑ ア　㋒ イ

解き方

1 ①㋑ 雨をふらせる前線が日本の近くに長くとどまる６～７月の時期を，つゆといいます。

㋒ 台風は，強い風と大雨をともない，土《ど》しゃくずれや川のはんらんなどのひ害をもたらすこともあります。

②③ 夏は南東（太平洋側）から，冬は北西（日本海側）からふく風を，季節風〔モンスーン〕といいます。夏の季節風は太平洋側に雨をふらせ，冬の季節風は日本海側に雪をふらせます。ⓐは夏の，ⓘは冬の季節風の風向きです。

5 あたたかい土地のくらし／寒い土地のくらし

➡ 本さつ35ページ

1 ①㋐ 石垣《いしがき》　㋑ かわら　㋒ 台風
② さとうきび
③ アメリカ合衆国《がっしゅうこく》〔アメリカ〕

2 ①㋐ 屋根　㋑ 二重　㋒ 寒さ
② じゃがいも　③ アイヌ

解き方

1 ② 沖縄《おきなわ》の強い日差しと高い気温・しつ度は，さとうきびのさいばいに適《てき》しています。

③ 沖縄《おきなわ》は，第《だい》二《に》次《じ》世《せ》界大戦《かいたいせん》後，27 年間もアメリカ軍の軍政《ぐんせい》下に置かれていました。1972 年に日本に返された後も，アメリカ軍が使う軍用地は残され，現在《げんざい》でも沖縄《おきなわ》本島の約 15%をしめています。

2 ② ポテトチップスの原料になるじゃがいもは，寒さのきびしい北海道《ほっかいどう》の気候に適《てき》した作物です。

③ 北海道《ほっかいどう》の地名の多くは，アイヌ語からつけられています。

6 くらしを支える食料生産

➡ 本さつ36ページ

1 ① 米　② 野菜　③ 果物　④ 肉牛　⑤ 乳牛《にゅうぎゅう》

解き方

1 ① 新潟県《にいがたけん》や北海道《ほっかいどう》，秋田県《あきたけん》の生産額《がく》が多いので，米とわかります。

② 北海道《ほっかいどう》のほか，関東《かんとう》地方の茨城県《いばらきけん》と千葉県《ちばけん》，中部《ちゅうぶ》地方の愛知県《あいちけん》，九州《きゅうしゅう》地方の熊本県《くまもとけん》の生産額《がく》が多いので，野菜とわかります。

③ りんごの生産がさかんな青森県《あおもりけん》や長《なが》野県《のけん》，みかんの生産がさかんな和歌《わか》山県《やまけん》，さくらんぼの生産がさかんな山形県《やまがたけん》，ぶどうの生産がさかんな山《やま》梨県《なしけん》の生産額《がく》が多いので，果物とわかります。

④ 九州《きゅうしゅう》地方の鹿児島県《かごしまけん》，宮崎県《みやざきけん》，熊本《くまもと》県《けん》や，北海道《ほっかいどう》の生産額《がく》が多いので，肉牛とわかります。

⑤ 北海道《ほっかいどう》の生産額《がく》がとても多いので，乳牛《にゅうぎゅう》とわかります。

英語 答えと解き方

1 じこしょうかい

➡本さつ37ページ

1 ① red ② pink ③ blue
④ green ⑤ black
⑥ white ⑦ yellow
⑧ purple

2

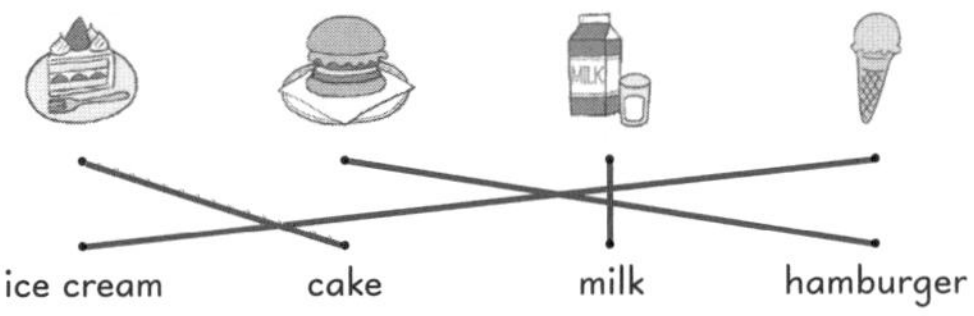

3 ① blue ② chocolate

解き方

3 「わたしは～が好きです」は I like ～. と言います。
①「青，青い」は blue です。
②「チョコレート」は chocolate です。

2 月の名前

➡本さつ38ページ

1 ① January ② March
③ May ④ June
⑤ October

2 ① February ② April
③ August ④ September
⑤ November

解き方

月の名前は，1つずつ声に出して読みながら順番に覚えていきましょう。つづりの長いものは，何度も書いて練習しましょう。

3 たんじょう日のたずね方と答え方

➡本さつ39ページ

1 ① first ② second
③ third ④ fifth
⑤ ninth ⑥ thirtieth

2 ① When is your birthday?
②（例）7月24日
My birthday is July twenty-fourth.

〈月の名前〉

1月	January	2月	February
3月	March	4月	April
5月	May	6月	June
7月	July	8月	August
9月	September	10月	October
11月	November	12月	December

〈日づけ〉

1日	first	2日	second
3日	third	4日	fourth
5日	fifth	6日	sixth
7日	seventh	8日	eighth
9日	ninth	10日	tenth
11日	eleventh	12日	twelfth
13日	thirteenth	14日	fourteenth
15日	fifteenth	16日	sixteenth

17日 seventeenth　18日 eighteenth
19日 nineteenth　20日 twentieth
21日 twenty-first
22日 twenty-second
23日 twenty-third
24日 twenty-fourth
25日 twenty-fifth
26日 twenty-sixth
27日 twenty-seventh
28日 twenty-eighth
29日 twenty-ninth
30日 thirtieth
31日 thirty-first

解き方

1 日づけは，順序《じゅんじょ》「～番目」を表す数を使います。

2 ①「あなたのたんじょう日はいつですか」は When is your birthday? と言います。birthday は「たんじょう日」という意味です。

②「わたしのたんじょう日は～月…日です」は My birthday is 〈月の名前＋日づけ〉. と言います。自分のたんじょう日の月の名前と日づけの言い方を覚えておきましょう。

英語

4 好きなものやほしいもののたずね方・答え方

➡本さつ40ページ

1 ① What sport do you like?
— I like soccer.

② What do you want?
— I want a cap.

2 ① soccer　② baseball
③ tennis　④ basketball

3 ① sport　tennis
② What　pencil

解き方

2 同じ文字を２回続けて書くつづりに気をつけて覚えましょう。
① soccer　② baseball
③ tennis　④ basketball

3 ①「スポーツ」は sport です。下線の引いてある t の発音に注意しましょう。「あなたは何のスポーツが好きですか」は What sport do you like? と言います。I like ～. で答えます。

②「あなたは何がほしいですか」は What do you want? と言います。I want ～. で答えます。

22 物語の読み取り⑤

⬇本さつ43ページ

1 ① 輪・葵・瀬賀
② 嫌になってきた
③ 目が離せ・血が上って・置き去りにされている
④ 葵に背中を叩かれて我に返った。

解き方

1 ① 登場人物は、輪《りん》、葵《あおい》、瀬賀《せが》の三人です。この中から、だれが「滑《かっ》走順《そうじゅん》が次」なのか、その人はだれと話しているのか、二人はだれの「演《えん》技《ぎ》を見ている」のかを読み取って、この場面をとらえましょう。

② すぐ前に書かれている理由をとらえましょう。「ジャンプだけじゃなくて、スピンもステップも、カンペキすぎて見てるのが嫌《いや》になってきた」から、裏《うら》の通路に行こうと思ったのです。

③ 瀬賀《せが》の演技《えんぎ》を見ているときの輪《りん》の様子は、「見たくないはずなのに……めまいがした。」の四つの文に書かれています。

④ 瀬賀《せが》の演技《えんぎ》に目をうばわれていた輪《りん》は、「葵《あおい》に背中《せなか》を叩《たた》かれて我《われ》に返った」のです。「我《われ》に返る」は、ふだんの状態《じょうたい》にもどるという意味です。

23 一学期のまとめ

⬇本さつ42ページ

1 ① ㋐直接　㋑原因
② **イ**
③ より速く食べられるか
④ 目立たない・目立つ
⑤ (例) 肉体的な闘争ばかりでなく、いろいろなタイプの競争が働いている

解き方

1 ① ㋐の「直接」は、間に何かを置かないで、じかに接《せっ》することを表します。「接《せつ》」を、同じ音《おん》の「設《せつ》」としないように注意しましょう。

② 上の漢字が下の漢字を修飾《しゅうしょく》する関係にあるものを選びます。**ア**「幸福」は、似《に》た意味の漢字の組み合わせ、**ウ**「登山」は、「～を」「～に」に当たる意味の漢字が下に来ています。**エ**「明暗」は、意味が対《つい》になる漢字の組み合わせです。

③ 前で述《の》べられている「どの個体《こたい》がより速く食べられるかによって」起こるようなタイプの競争を、「スクランブル型《がた》競争」と呼《よ》ぶことを読み取りましょう。

⑤ 最後の段落《だんらく》に、筆者の言っていることがまとめられています。

24 二学期の先取り

⬇本さつ41ページ

1 ① 方言　② 共通語

2 ① ㋐**イ**　㋑**ア**　㋒**ウ**　㋓**イ**　㋔**ウ**　㋕**ア**
② 桜・やさしい・箱 (順不同)

解き方

1 二学期は、方言と共通語について学びます。方言と共通語は、どちらが正しいというわけではなく、どちらも日本語の中で大事なものです。日ごろから、自分が使う言葉を意識《いしき》してみましょう。

2 ① 「生物」を、㋐のように音《おん》で読むと漢語です。㋑のように訓で読むと和語です。漢語か和語かで意味はことなります。㋓の「愛」は、音読みです。㋔の「ラブ」は、「愛」という意味の外来語です。

② 「桜《さくら》」「箱」は漢字で書かれていますが、訓読みなので和語です。「旅館」「和紙」「電話」は漢語、「サッカー」「ホテル」「パスタ」は外来語です。

19 説明文の読み取り ④

↓本さつ46ページ

1 ① 食前　② 消化・協力　③ 空腹・よく

2 ① 柔らかなもの・場の空気
② つまり、敬語が緩衝材（クッション）として機能するということです。

解き方

1 ① 最初のほうに、「食前と食後」では、「断然《だんぜん》、前がいい」とあります。
② 「胃《い》が消化活動に忙《いそが》しいとき、頭はひとときはたらくことを中止して、胃《い》の消化に協力する」と書かれている部分から、当てはまる言葉をぬき出します。
③ 「つまり」で始まる段落《だんらく》の内容《ないよう》に着目します。

2 ① 二つ目の段落《だんらく》の一文目に着目して答えましょう。
② 筆者が言いたいことは、最後の文にまとめられています。今まで述《の》べたことを言いかえてまとめていることを表す「つまり」という言葉にも着目しましょう。また、文をぬき出す問題の場合には、文の終わりの「。」まで書きましょう。

20 漢字 ⑥

↓本さつ45ページ

1 ① 節・説　② 航・功　③ 養・要

2 ① イ　② イ　③ ア　④ ア

3 ① ㋐競走　㋑競争　② ㋐期間　㋑器官
③ ㋐直　㋑治　④ ㋐敗　㋑破

解き方

1 ① 「せつ」と読む漢字は、ほかに「接」「切」「折」などがあります。
② 「こう」と読む漢字は、ほかに「候」「構」「鉱」などがあります。
③ 「よう」と読む漢字は、ほかに「容」「洋」「様」などがあります。

2 ①は「目的とするもの」の意味の「対象」を使うのが正しいです。「対照」は、「照らし合わせること」という意味の言葉です。

大切

3 ①の「競走」と「競争」は、ともに「きそうこと」を意味しますが、走る速さをきそう場合は「競走」です。同音異義語《どうおんいぎご》の中には、意味が近いものがあるので、例文といっしょに、その使い分けを覚えましょう。

21 作文 ②

↓本さつ44ページ

1 ① ウ→ア→イ
② ・きまり
・自動車が止まるのか
③ わかっていない人が多いのではないか
④ ありがとうの気持ちを伝える

解き方

1 ① この作文は、次のような構成《こうせい》で書かれています。
最初の段落《だんらく》…調べようと思ったきっかけ
二つ目の段落《だんらく》…調べたこと①
三つ目の段落《だんらく》…調べたこと②
最後の段落《だんらく》…調べた結果から考えたこと
② 二つ目と三つ目の段落《だんらく》のそれぞれにある「……調べてみました」に着目して、その前の部分から調べた内《ない》容《よう》を読み取りましょう。
③ 最後の段落《だんらく》の、「これらのことから、ぼくは……と思いました」の中で述《の》べられている内容《ないよう》に着目しましょう。
④ 作文の最後のほうに、「……提案《ていあん》します」とあります。これより前の部分に書かれていることをとらえましょう。

16 言葉 ③

↓本さつ49ページ

1 ①さる・**イ** ②はち・**ウ** ③ねこ・**ア**
2 ①**ウ** ②**ア** ③**イ**
3 ①持つ・**イ** ②ぬすむ・**ウ** ③まく・**ア**
4 ①**ウ** ②**エ** ③**ア** ④**イ**

解き方

1 ① 木登りが上手なさるでも、ときには木から落ちてしまうこともあるということからできたことわざです。

2 **ア**は、灯台（部屋の中で使うあかりをともす台）のすぐ下が暗いように、身近なことや自分のことは、かえってわかりにくいものであるということのたとえです。

大切

4 ④を**ウ**としないようにしましょう。「気が置けない」を、気を許《ゆる》せない、という意味で使うのはまちがいです。

おかわりもんだい

次の□に漢字一字を当てはめて、〔　〕の意味の慣用句《かんようく》を完成させましょう。

① □につく〔あきていやになる〕
② □につく〔そのさまが似合《にあ》っている〕

〔答え〕①鼻 ②板

17 作文 ①

↓本さつ48ページ

1 ①A**ウ** B**ア** C**オ**
②(例)書かれた文字から、書いた人のその人らしさが伝わってくるから。
(例)真心がこもっている感じがするから。
(例)書きまちがえることが少ないから。
(順不同)
③(例)わたしは、遠くの人に連らくするときには、メールよりも手書きの手紙のほうがよいと思います。

解き方

1 ① 順序《じゅんじょ》立《だ》てて述《の》べるときの言い方を覚えましょう。最初は「まず」、その次は「次に」、さらに続くときは、「それから」などを用います。また、前に述《の》べた理由と自分の意見をつなぐ場合は、「だから」などのつなぎ言葉を使います。

② 二つ目の段落《だんらく》、三つ目の段落《だんらく》、四つ目の段落《だんらく》それぞれの最初の文で、「……からです」と、三つの理由が述《の》べられています。理由を答えるときは、文末を「～から。」「～ので。」とします。

③ 最初の段落《だんらく》で述《の》べられている、作者が賛成《さんせい》している意見をまとめます。

18 物語の読み取り ④

↓本さつ47ページ

1 ①一番頭がいい・顔もいい・ドケチ
②ばあちゃん
2 ①イギリスの兵隊・ぴかぴかする鉄砲
②**ア**

解き方

1 ① 「萌《もえ》は」で始まる部分に着目しましょう。最初のほうの、「萌《もえ》は、我《わ》が家《や》で一番頭がいい」「もしかすると、顔もいいかもしれない」と、真ん中より少し後ろの、「萌《もえ》は、チョーのつくドケチ」が見つかります。

② 萌《もえ》の「口ぐせは、〝あたしゃ〟だ」のあとに、この口ぐせは「近所に住んでいるかあちゃんのおかあさん、つまり、ばあちゃんの口ぐせでもある」とあります。

2 ① 「二人の若《わか》い紳士《しんし》が、すっかりイギリスの兵隊のかたちをして、ぴかぴかする鉄砲《てっぽう》をかついで……」とあることからとらえましょう。

② えらそうな口調や、成果があがらないのを山のせいにしていること、自分たちの楽しみのことしか考えていないことなどから考えましょう。

国語

13 言葉のきまり

➡本さつ52ページ

1 ①**ア** ②**ウ** ③**イ** ④**エ**

2 ①それとも ②つまり ③なぜなら

3 ①ので ②ても ③のに ④ば

4 ①(例) おなかが減った。しかし、がまんした。

②(例) 道路が車で混んでいた。だから、おくれてしまった。

③(例) 日曜日には、プールに行きたい。それから、公園にも行きたい。

解き方

1 ①「寒かった」ことから、「セーターを二まいも」着ることが予想されます。

②「寒かった」ことに「雨もふっていた」ことが付け加えられています。

③「寒かった」こととは反対に、「あたたかくなった」ことが続きます。

④「寒かった」こととは話題を変えて、「集合は何時」かということをたずねています。

2 ②「つまり」は、前のことを説明するときに使うつなぎ言葉です。

3 ここでは、言葉のあとに直接《ちょくせつ》続くつなぎ言葉を使います。

4 ①は「だが」「けれども」など、②は「それで」「したがって」など、③は「そして」「さらに」などを使っても正解です。

14 物語の読み取り③

➡本さつ51ページ

1 ①(ぽかぽか) あたたか ②**イ**

③さむらいがおこっては大変だ

2 ①(例) 情けなく感じている ②**イ**

解き方

1 ① 二つ目の文に、さむらいは、「ぽかぽかあたたかいので」いねむりを始めたと書かれていることを読み取りましょう。

② 「黒いひげを生やして強そうなさむらいが、こっくりこっくりするので、子どもたちはおかしくて、ふふふと笑いました」からとらえましょう。

③ 「さむらいがおこっては大変だからです」に、このときのお母さんの気持ちが説明されています。

2 ① 「すぐにできるようになると思ったのに……全然できるようにならない。情《なさ》けなさがつのってきた」とあることに注目し、「情《なさ》けなく感じている」ことを読み取りましょう。

② 「目を丸くする」は、何かにおどろいて目を大きく見開く様子を表します。思いがけず、おばあちゃんがあざやかにジャグリング用のボールをあやつったので、かおるはびっくりしたのです。

15 説明文の読み取り③

➡本さつ50ページ

1 ①日本のことわざ・西洋 ②こつこつと積み重ねる・世界共通のもの

2 ①あ**ア** い**イ** ②四億

③クモ独特のしくみ（「クモの不思議なしくみ」でも〇）

解き方

1 ① 「日本のことわざに……あります」から「同じような意味の言い回しは西《せい》洋《よう》にもあります」までが、事実を述《の》べた部分であることをおさえましょう。

② ①でとらえた事実を指して、「このことから……と思われます」と意見を述《の》べていることをとらえます。

2 ① あの、クモが「極《きわ》めて長い進化の歴史《れきし》を持っている」というのは、事実です。また、いは、「興味深《きょうみぶか》いもの」と感じていることを言っているので、筆者の意見が述《の》べられていることがわかります。

② 「その頃《ころ》に、クモも現《あらわ》れてきた」とあります。「その頃《ころ》」とは、前の文の「四億年前」を指しています。

③ クモについて、「糸を通じて生きのびるためのクモ独特《どくとく》のしくみを作り上げてきた」と書かれている部分に着目しましょう。

国語

10 物語の読み取り ②

⬇本さつ55ページ

1 ① 怖くなかった　② 首をかしげ
③ **ウ**

2 ① **ア**　② (例) 喜ぶ

解き方

1 ① 「表にでると」で始まる段落《だんらく》で、窓《まど》がぼうっと赤くなったのを見ても、「もう、まったく怖《こわ》くなかった」と書かれていることに注目して読み取りましょう。

② 「首をかしげる」は、不思議に思ったり、疑問《ぎもん》に思ったりするときの動作を表す言葉です。

③ 「こともなげ」とは、なんでもないことのように平然としている様子を表す言葉です。

2 ① 「肩《かた》を、わしづかみにしてゆさぶった」という力の入った様子から、父ちゃんが張《は》り切っていることがわかります。

② 「コンドル」を「かっこいい」という「ぼく」の言葉や、「助手席ではねあがった」様子にふさわしい気持ちを答えましょう。「うれしがる」なども正解《せいかい》です。

---

11 説明文の読み取り ②

⬇本さつ54ページ

1 ① 空模様・晴れ・総合的な状態
② **イ**

2 ① ヨーロッパ・新しい学問
② **イ**
③ 人生について学び考える

解き方

1 ① 最初の文に、「『天気』ということばは……空模様《そらもよう》をさし」とあり、そのあとに、「『晴れ』を意味する用法もあります」とあります。また、「天候」は、「晴雨のほか気温や……総合的《そうごうてき》な状態《じょうたい》をさします」とあることから読み取りましょう。

② ——線の「天気」は、「晴れ」と言いかえると意味が通じます。

2 ① 最初の部分に注目しましょう。「哲学《てつがく》」は、「それ以前にはなかった新しい日本語」で、「ヨーロッパから輸入《ゆにゅう》した、新しい学問の呼《よ》び名《な》であります」と書かれています。

② 筆者は、「哲学《てつがく》」が「国民一般《いっぱん》には馴染《なじ》みの薄《うす》い言葉」で「いまだに普及《ふきゅう》しきれていないうらみがあります」と言っています。この場合の「うらみ」は、残念に思うことという意味で使われています。

---

12 漢字 ⑤

⬇本さつ53ページ

1 ① （あ）**ア**　（い）**イ**　（う）**エ**　（え）**イ**　（お）**ウ**
（か）**ア**　（き）**エ**　（く）**ウ**
② （あ）馬　（い）末　（う）固　（え）信

2 ①（音《おん》）寺　（意味）扌
②（音《おん》）青　（意味）氵
③（音《おん》）官　（意味）⺮
④（音《おん》）相　（意味）心
⑤（音《おん》）長　（意味）巾

解き方

1 ① （お）「岩」は、「山」と「石」を合わせて「岩」を表している会意《かいい》文字です。（く）「明」は、「日」と「月」を合わせて「明るい」という意味を表す会意《かいい》文字です。
（う）「板」は、「反」が音《おん》を、「木（きへん）」が意味を表す形声《けいせい》文字です。（き）「花」は、「化」が音《おん》を、「艹（くさかんむり）」が意味を表す形声《けいせい》文字です。

② （あ）は象形《しょうけい》文字、（い）は指事《しじ》文字、（う）は形声《けいせい》文字、（え）は会意《かいい》文字です。

2 ① 「寺」が「ジ」の音《おん》を表します。
② 「青」が「セイ」の音《おん》を表します。
③ 「官」が「カン」の音《おん》を表します。
④ 「相」が「ソウ」の音《おん》を表します。
⑤ 「長」が「チョウ」の音《おん》を表します。

7 漢字③

↓本さつ58ページ

2 ①しんかん　②こうこく　③ちしき　④じょうねつ

3 ①往復　②志　③順序　④適度

解き方

2 ④「情」の音読みは「ジョウ」です。「青」という同じ部分を持つ「静」「清」は、どちらも音読みは「セイ」です。まちがえないように気をつけましょう。

3 ①「往」は、同じ部分を持つ「住」と書きまちがえないようにしましょう。

②「志」は、「こころざし」と読むときには送りがなはつきません。覚えておきましょう。

③「序」の上から左へたれる部分は「广」で、上に点をつけます。「厂」と書かないように気をつけましょう。

④「適」は、右側を書いたあとに、「辶」を書きましょう。

おかわりもんだい

――線の漢字は読みがなを、ひらがなは漢字を書きましょう。

① 意志が強い。
② 新聞のゆうかんがとどく。
③ 番号をしきべつする。

［答え］①いし　②夕刊　③識別

8 漢字④

↓本さつ57ページ

2 ①いんしょう　②げいじゅつ　③ちょくせつ　④へんしゅう

3 ①限　②語句　③情報　④内容

解き方

2 ①「象」の音読みは、「ショウ」のほかに「ゾウ」があります。動物の「ゾウ」を表します。

②「術」の部首は「行（ゆきがまえ・ぎょうがまえ）」です。同じ部首の漢字には、「街」などがあります。

3 ②「句」の真ん中は「口」です。「日」や「目」などと書きまちがえないように気をつけましょう。

③「報」の右側の「𠬝」の部分を、「𠬝」としたり、「反」としたりしないように注意しましょう。

おかわりもんだい

――線の漢字は読みがなを、ひらがなは漢字を書きましょう。

① 期限までに作文を書く。
② 人にはえがおでせっする。
③ たんぺん小説を読む。

［答え］①きげん　②接　③短編

9 言葉②

↓本さつ56ページ

1 ①(あ)**ウ**　(い)**ア**　(う)**エ**　(え)**ア**　(お)**イ**　(か)**ウ**　(き)**イ**　(く)**エ**

②(あ)**ア・オ**　(い)**イ・ク**　(う)**エ・カ**　(え)**ウ・キ**（それぞれ順不同）

2 ①（例）馬に乗ること。　②（例）親しい友。

解き方

1 ①(あ)の「車道」は「車の道」と言いかえられるので、**ウ**です。(い)の「往復《おうふく》」は、「往」が「行く」、「復」が「もどる」という意味で、対《つい》になる漢字の組み合わせなので、**ア**です。(う)の「消火」は、「火を消す」と言えるので、**エ**です。(お)は「岩」と「石」が似《に》た意味の漢字なので、**イ**です。

② **1**の最初に示《しめ》された熟語《じゅくご》の成り立ち（構成《こうせい》）の説明に当てはめれば、それぞれの熟語《じゅくご》の成り立ちは、(あ)は**イ**、(い)は**エ**、(う)は**ア**、(え)は**ウ**になります。

2 ①は、「～を」「～に」に当たる意味の漢字が下に来る組み合わせ、②は、上の漢字が下の漢字を修飾《しゅうしょく》する関係にある組み合わせです。

4 言葉 ①

↓本さつ61ページ

1 ①けんじょう語 ②ていねい語 ③尊敬語 ④けんじょう語 ⑤尊敬語

2 ①(尊敬語《そんけいご》)**カ** (けんじょう語)**ウ**
②(尊敬語《そんけいご》)**エ** (けんじょう語)**イ**
③(尊敬語《そんけいご》)**ア** (けんじょう語)**オ**

3 ①(例)校長先生がおっしゃる(「言われる」でも○)。
②(例)お客様からおみやげをいただく(「ちょうだいする」でも○)。

解き方

1 ④「お(ご)~する」の形のけんじょう語です。
⑤「お(ご)~になる」の形の尊敬《そんけい》語《ご》です。

2 ①「見る」の尊敬語《そんけいご》には、「見られる」という言い方もあります。
②「食べる」のけんじょう語「いただく」は、「もらう」「飲む」のけんじょう語としても使われます。

大切

3 ①は「校長先生」の「言う」という動作に尊敬語《そんけいご》を用いることで、敬意《けいい》を表します。②は自分の「もらう」という動作にけんじょう語を用いることで、「お客様」への敬意《けいい》を表します。

5 物語の読み取り ①

↓本さつ60ページ

1 ①**ア** ②春 ③女の旅人・わたし舟・さむらい

2 ①ビルのおくじょう・町の夜景 ②星空 ③熱帯の草原

解き方

1 ①「さむらい」が登場する時代をぶ台にしています。
②「春のあたたかい日のこと」とあります。
③登場人物をおさえ、その行動を表す表現《ひょうげん》に着目してとらえましょう。

2 ①「ビルのおくじょうから見下ろして」「気がついたらこのビルのおくじょうにいた」と、「初めて町の夜景を見て」「町の夜景は初めて見る世界だった」とあることから読み取りましょう。
②山ねこのシューが、ビルの屋上から見下ろして、町の夜景を見たときに、「まるで地面に星空があるみたいだ」と言っていることに着目しましょう。
③山ねこのシューは、「熱帯の草原でほかくされ」と書かれています。その後、「運ばれているとちゅう」でにげて、ビルの屋上に来たのです。

6 説明文の読み取り ①

↓本さつ59ページ

1 ①ピラミッド ②(大きな)石材・泥レンガ ③粗末・堅固

2 ①共感能力 ②攻撃的な本能 ③(例)攻撃しないようにする

解き方

1 ①「ピラミッド」という言葉が何回も出てくることから、この文章の話題がわかります。
②最初のほうに、大ピラミッドは、「大きな石材を一四七メートルもの高さに積みあげた立派《りっぱ》なピラミッド」とあります。また、そのあとに、「泥《どろ》レンガを積みあげた小規模《しょうきぼ》なもの」とあります。
③最後のほうの「粗末《そまつ》なものはくずれさって」「堅固《けんご》なピラミッドだけ」残ったという内容《ないよう》を読み取りましょう。

2 ①初めに、「共感能力《のうりょく》とは」とあることから、話題は「共感能力《のうりょく》」であることがわかります。
③これは、人類しか持っていない能力《のうりょく》なのです。「攻撃性《こうげきせい》に共感を仲間入り」させることで、「実際《じっさい》には人を攻撃《こうげき》しないようにしているのです」と書かれていることに注目しましょう。

国語

答えと解き方＋おかわりもんだい

小学5年生　大盛り！　夏休みドリル　三訂版　別さつ

1　四年生の復習

↓本さつ64ページ

1 ①せっきょく　②じてん　③しけん　④かなら　⑤えいよう　⑥やしな　⑦はんせい　⑧はぶ　⑨さんか

2 ①観察・続　②仲間・協力　③残念・結果　④健康　⑤関　⑥完　⑦覚　⑧冷

解き方

1 ④「必ず」は、送りがなをまちがえやすいので気をつけましょう。

⑦「省」の音読みには、「セイ」と「ショウ」があります。「ショウ」と読む熟語《じゅくご》には「省略《しょうりゃく》」などがあります。

2 ⑤「関心」は、心を引きつけられることです。りっぱだと心に感じることを表す「感心」と使い分けましょう。

⑦・⑧「覚める」は、意識《いしき》のある状《じょう》態《たい》にもどる、冷静になるの意味で使います。「冷める」は、温かいものが冷たくなるときに使います。

2　漢字①

↓本さつ63ページ

2 ①たいおう　②だは　③にちじょう　④どうぞう

3 ①理解　②確　③調査　④整備

解き方

2 ①～④は上下とも音読みをする熟語《じゅくご》です。

3 ②「確」は、右上の「冖」を「宀」と書かないように気をつけましょう。

③「査」のいちばん下の横ぼうは、左右につき出します。「目」と書かないようにしましょう。

④「備」の右下は「用」です。「日」としないように注意しましょう。

おかわりもんだい

――線の漢字は読みがなを、ひらがなは漢字を書きましょう。

① むずかしい問題を解く。

② 正確な情報《じょうほう》を求める。

③ 新しい機能がそなわっている。

［答え］①と　②せいかく　③備

3　漢字②

↓本さつ62ページ

2 ①あんい　②しりょう　③ぜっこう　④ふくしゅう

3 ①原因　②現　③構成　④質問

解き方

3 ①「因」は、形の似《に》ている「国」「回」「固」などと書きまちがえないように気をつけましょう。

③「構」は、「木（きへん）」です。「禾（のぎへん）」や「ネ（しめすへん）」と書きまちがえないようにしましょう。

④「質」は、「資《し》」と形が似《に》ているので、注意しましょう。

おかわりもんだい

――線の漢字は読みがなを、ひらがなは漢字を書きましょう。

① 夢《ゆめ》の実現に向けて努力をする。

② 問題はやさしくてすぐに解《と》けた。

③ 打席に立ってバットをかまえる。

［答え］①じつげん　②易　③構

1 4年生の復習

1 計算をしましょう。(わり算はわりきれるまで計算しましょう。)　1つ7点　42点

① $15 \times 8 - 4 \div 2$

② $85 - (8 + 7 \times 2)$

③ $0.43 + 29.6$

④ $18 - 2.05$

⑤
```
   3.68
×    25
```

⑥
```
15)90.6
```

2 くふうして計算しましょう。　1つ7点　28点

① $58 + 35 + 12$

② $4 \times 36 \times 25$

③ 98×6

④ 102×15

3 次の数を四《し》捨《しゃ》五《ご》入《にゅう》して，(　) の中の位までのがい数にしましょう。　1つ7点　14点

① 34951 (一万の位)　[　　　　]

② 5670382 (十万の位)　[　　　　]

4 右のような形の面積を求めましょう。　式・答え 各8点　16点

[式]

[答え] [　　　　]

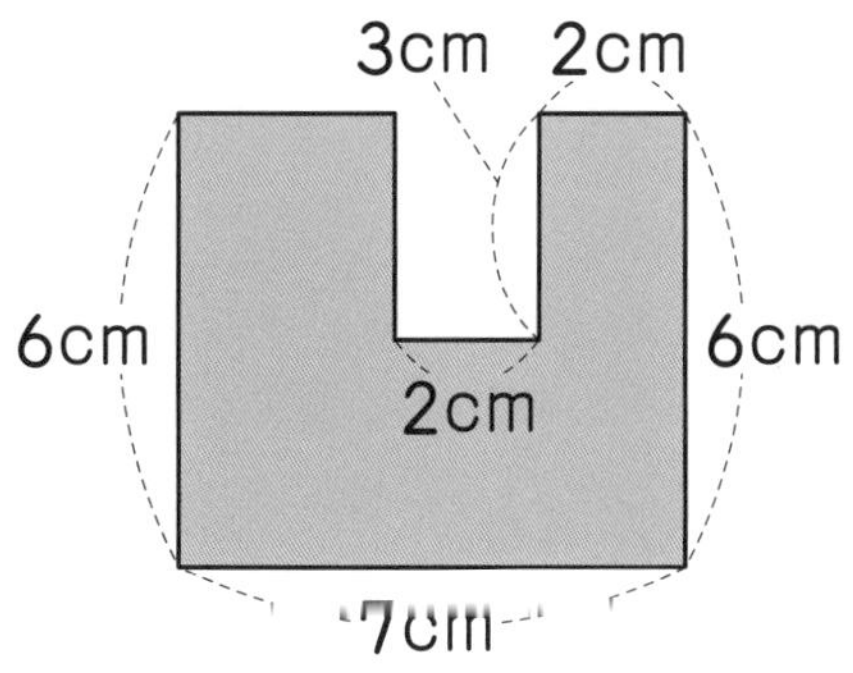

なるほど！
計算のしかたをしっかり身につけよう。複雑《ふくざつ》な図形の面積は，大きな長方形からへこんでいる部分をひいたり，正方形と2つの長方形に分けたりして求められるね。

算数

2 整数と小数

～数のしくみ～

Webおかわりもんだい 算数①をみてね

勉強日　　月　　日

点数　　点

答え▼別さつ1ページ

1 次の数を 10 倍, 100 倍した数を答えましょう。　1つ5点 40点

①0.3

10 倍すると, 小数点の位置が 1 つ右へずれる。

数のしくみを学ぼう

10倍 [3]

100倍 [　　]

②2.6

10倍 [　　]

100倍 [　　]

③4.08

10倍 [　　]

100倍 [　　]

④90.2

10倍 [　　]

100倍 [　　]

2 次の数を $\frac{1}{10}$, $\frac{1}{100}$ にした数を答えましょう。　1つ5点 40点

①397

$\frac{1}{10}$ にすると, 小数点の位置が 1 つ左へずれる。

$\frac{1}{10}$ [39.7]

$\frac{1}{100}$ [　　]

②63.4

$\frac{1}{10}$ [　　]

$\frac{1}{100}$ [　　]

③80

$\frac{1}{10}$ [　　]

$\frac{1}{100}$ [　　]

④7.42

$\frac{1}{10}$ [　　]

$\frac{1}{100}$ [　　]

3 次の数はそれぞれ 0.001 を何個《こ》集めた数ですか。　1つ5点 20点

①5.437 [　　]

②2.81 [　　]

チャレンジもんだい ③64.9 [　　]

チャレンジもんだい ④325 [　　]

なるほど！

整数や小数を10倍, 100倍, ……したとき, 小数点の位置がどうなるかを考えよう。0.001が10個《こ》で0.01, 100個《こ》で0.1, 1000個《こ》で1, 5000個《こ》で5になるね。

おかわりもんだい　別さつ1ページ

体積①

～直方体・立方体の体積～

Webおかわりもんだい 算数①をみてね

勉強日　　月　　日

点数　　点

答え▼別さつ1ページ

1 次のような直方体や立方体の体積を求めましょう。　式・答え 各10点　80点

①

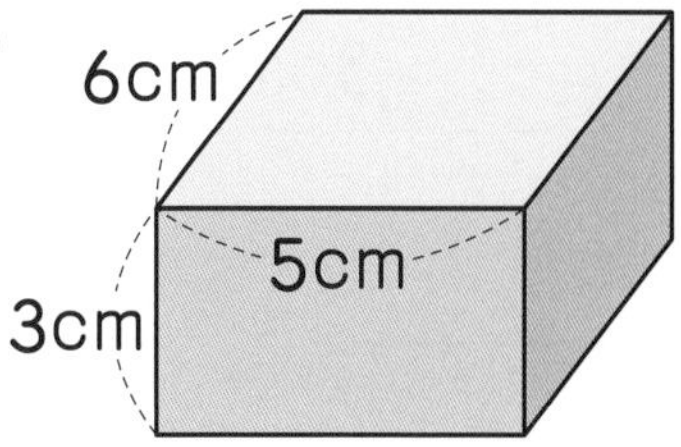

体積の求め方を覚えよう

直方体の体積＝たて×横×高さ

［式］6×5×3

［答え］［　　　　］

②

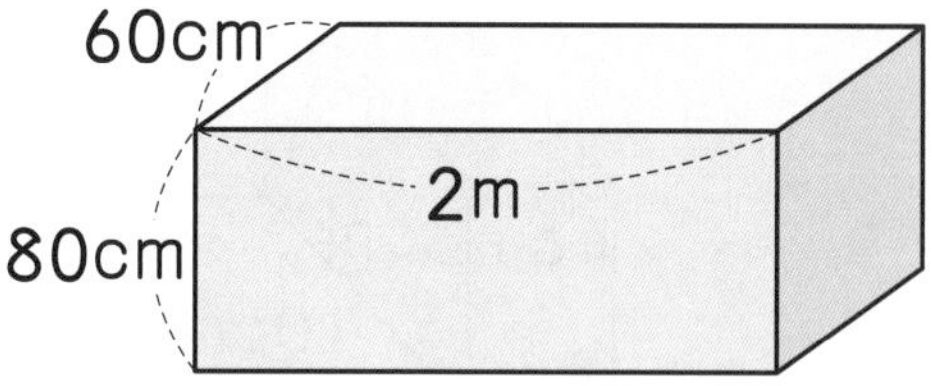

［式］

［答え］［　　　　］

③

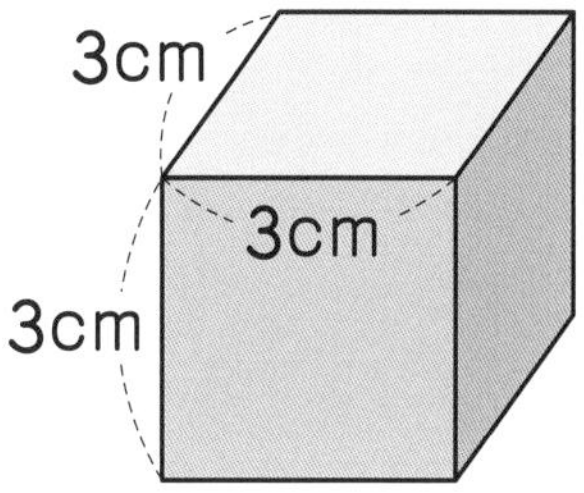

立方体の体積＝1 辺×1 辺×1 辺

［式］3×3×3

［答え］［　　　　］

④

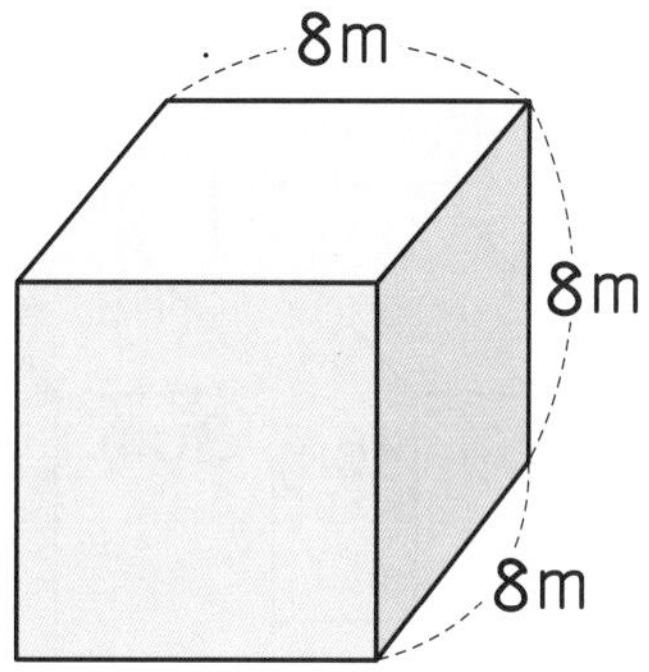

［式］

［答え］［　　　　］

2 右の図は直方体の展開《てんかい》図《ず》です。この直方体の体積を求めましょう。　式・答え 各10点　20点

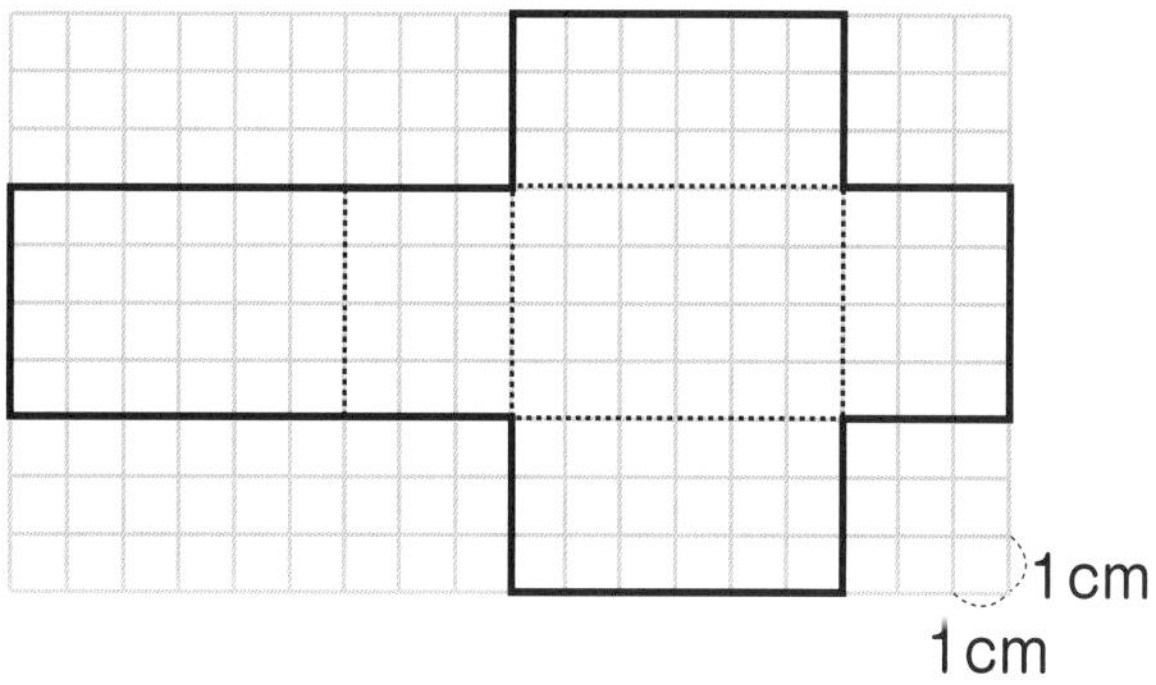

［式］

［答え］［　　　　］

なるほど！

1直方体や立方体の体積の公式を覚えよう。**2**展開図《てんかいず》は組み立てたときの下の面，高さがどこになるかを考えてみよう。

おかわりもんだい　別さつ2ページ

体積②

～直方体を組み合わせた図形の体積～

Webおかわりもんだい 算数①をみてね

勉強日　　月　　日

点数　　点

答え▼別さつ2ページ

1 次のような形の体積を求めましょう。　　式 各12点，答え 各10点　88点

①

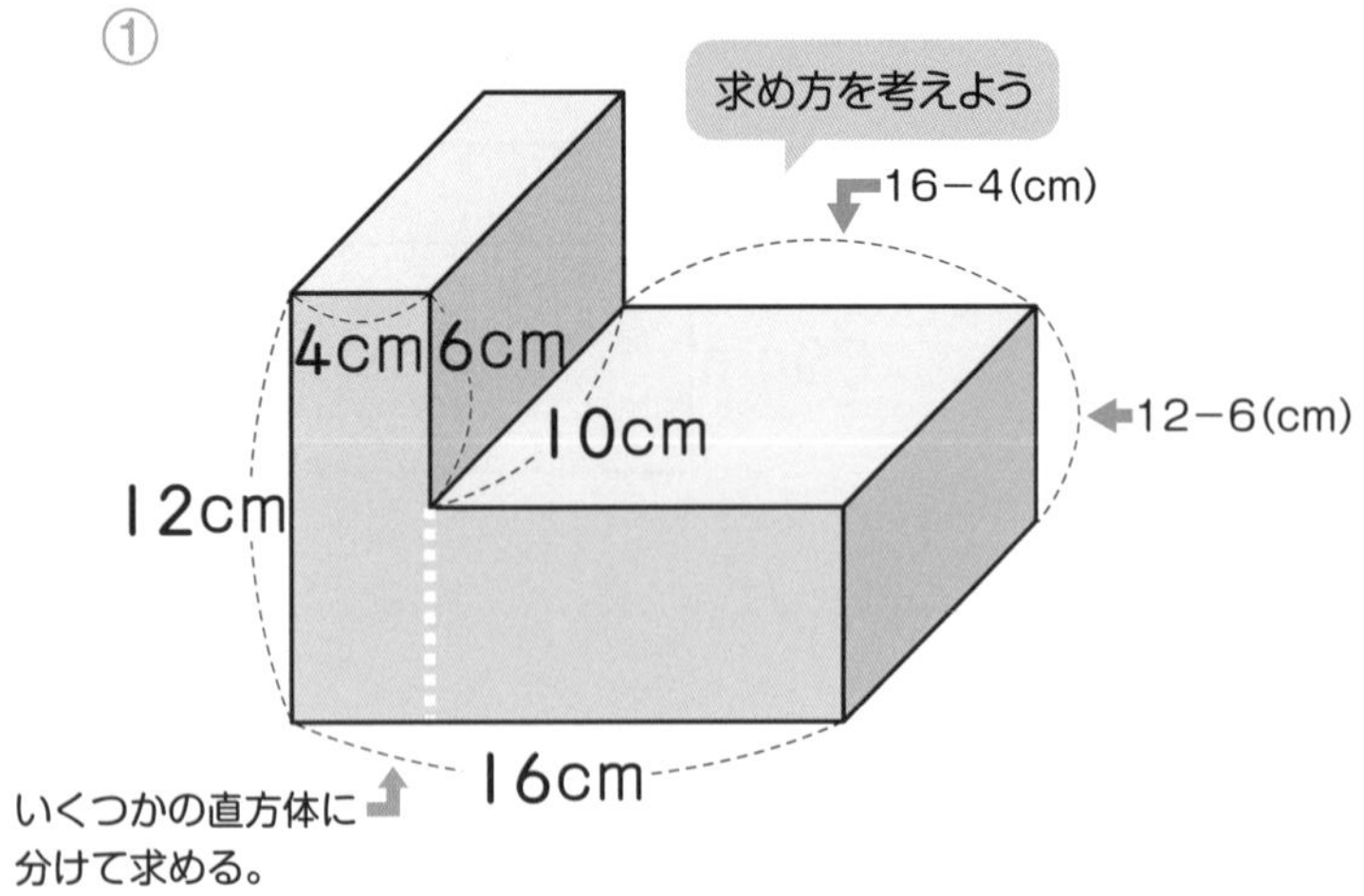

［式］ 10×4×12＋10×12×6

［答え］［　　　　］

②

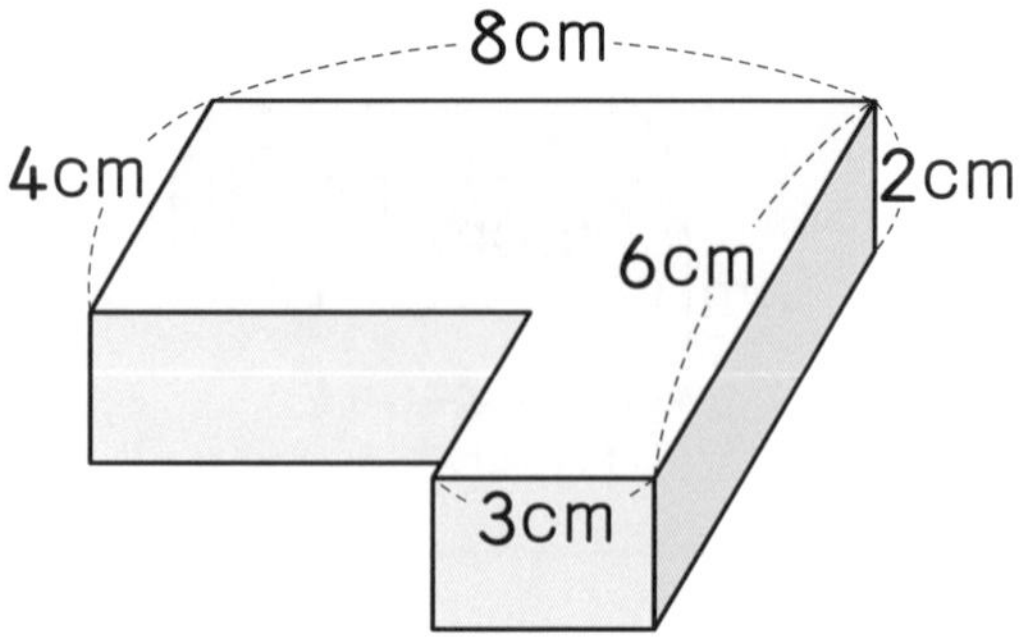

［式］

［答え］［　　　　］

③

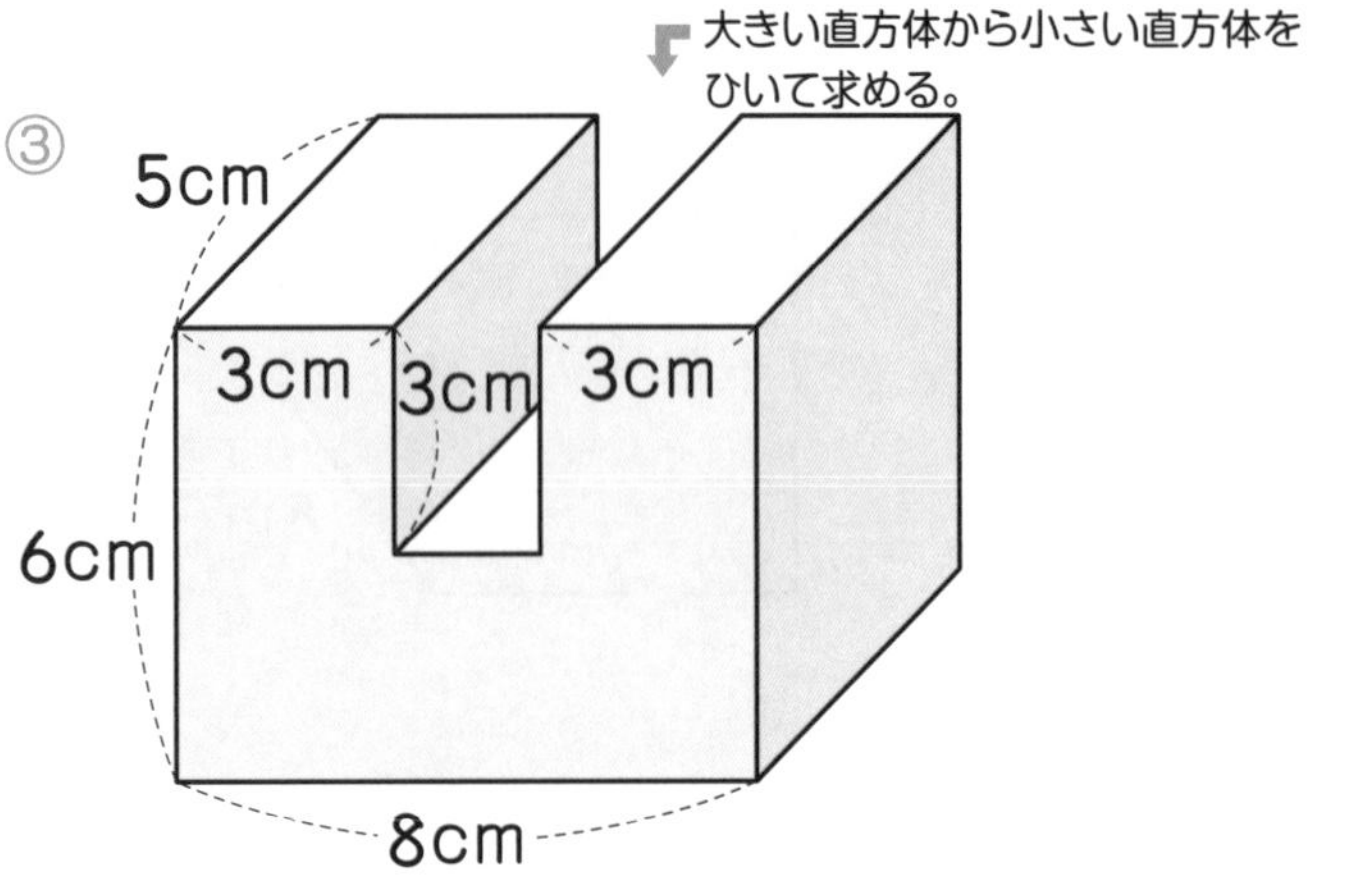

［式］

［答え］［　　　　］

④

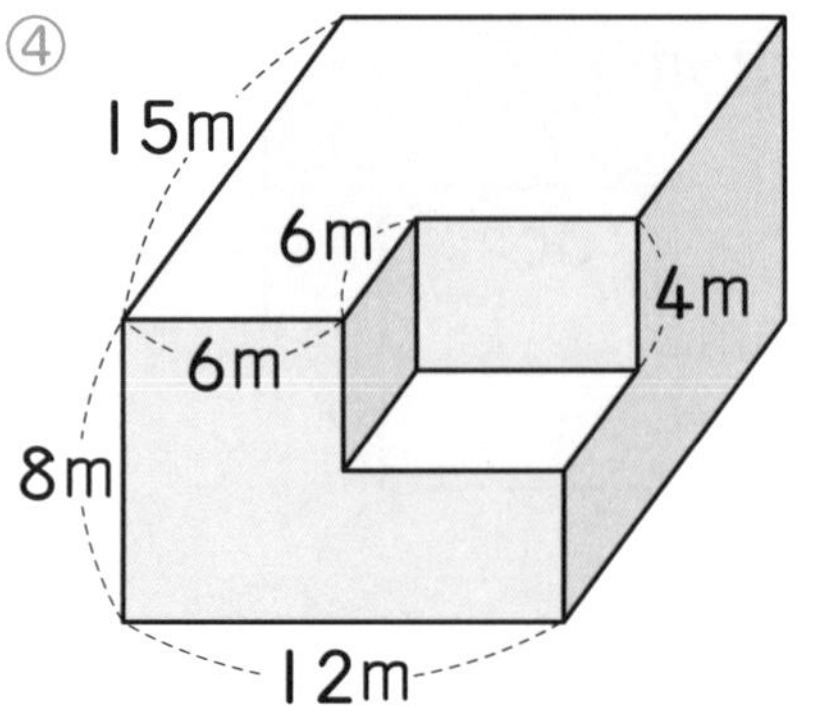

［式］

［答え］［　　　　］

2 右のような形の体積を下の式で求めました。どのように考えたのかがわかるように，図に線をかき入れましょう。　12点

$5 \times 3 \times 3 + 5 \times 3 \times 5 = 120\text{cm}^3$

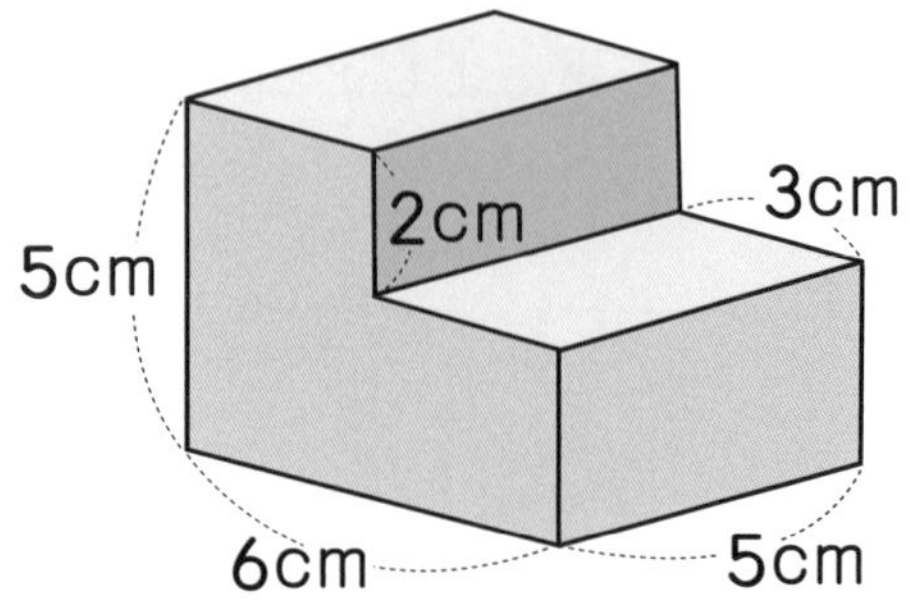

なるほど！ 直方体を組み合わせた立体の体積を求めるときは，いくつかの直方体に分けよう。また，欠けた部分をおぎなった図形の体積から，欠けた部分の体積をひくやり方もあるよ。

おかわりもんだい 別さつ2ページ

体積③

～体積の単位，容積～

Webおかわりもんだい
算数①をみてね

勉強日　　月　　日

点数
点

答え▶別さつ2ページ

1 次の立方体の体積を，（　）内の単位で答えましょう。

立方体の辺の長さと体積の関係を覚えよう

1つ4点　12点

① 1 辺の長さが 1cm の立方体（mL）　［ 1mL ］

② 1 辺の長さが 10cm の立方体（L）　［　　］

③ 1 辺の長さが 1m の立方体（kL）　［　　］

2 ［　］にあう数を書きましょう。

1つ6点　48点

単位の関係を学ぼう

$1m^3 = 100 \times 100 \times 100 = 1000000cm^3$

① $3m^3$ =［ 3000000 ］cm^3　　② $5cm^3$ =［　　］mL

③ $0.8m^3$ =［　　］mL　　④ 7L =［　　］mL

⑤ $4000cm^3$ =［　　］m^3　　⑥ 4L =［　　］cm^3

⑦ 650mL =［　　］L　　⑧ 500L =［　　］m^3

3 内のりが次のような水そうの容積《ようせき》を，（　）内の単位で答えましょう。

式 各10点，答え 各10点　40点

①

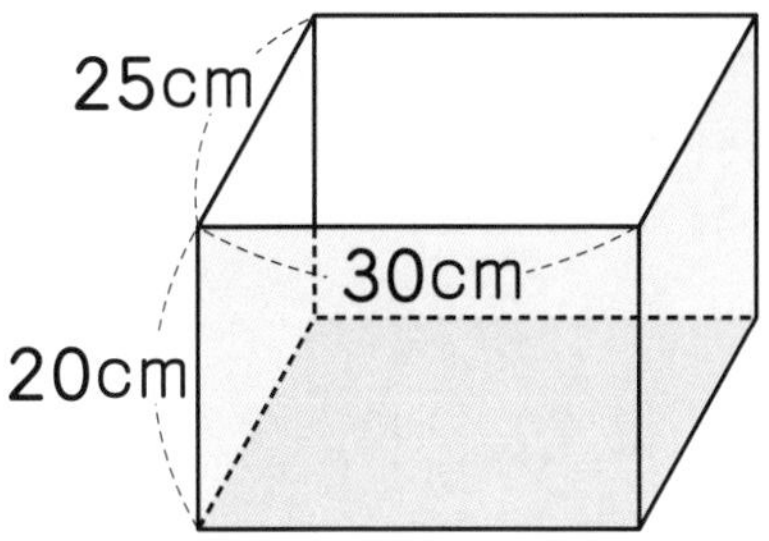

（mL）

容積《ようせき》の求め方を覚えよう

［式］ 25×30×20

［答え］［　　］

②

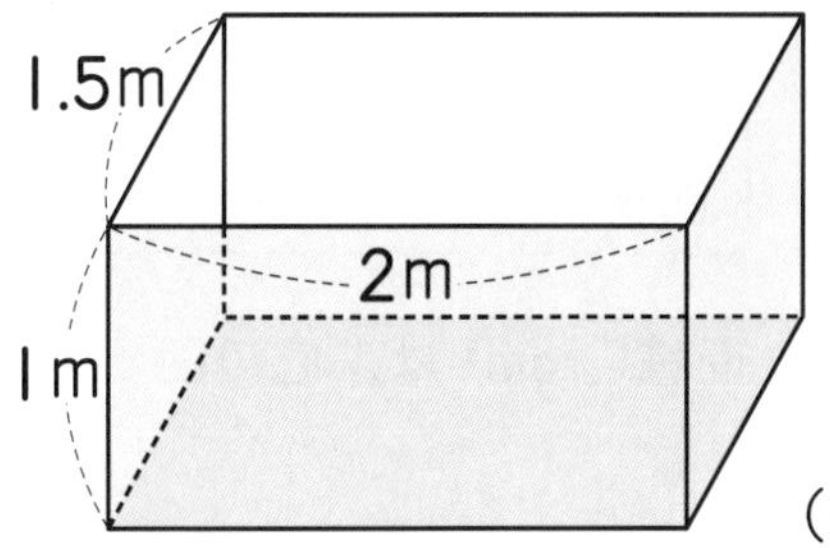

（L）

［式］

［答え］［　　］

なるほど！

体積や容積《ようせき》の単位の関係を覚えよう。1L＝10dL＝1000mL＝1000cm³だよ。1m＝100cmだから，1m³＝1000000cm³＝1000Lと求められるよ。

おかわりもんだい　別さつ2ページ

比例①

～面積・体積と比例する量～

Webおかわりもんだい 算数②をみてね

勉強日　　月　　日

点数　　点

答え▶別さつ3ページ

1 右の図の直方体について，答えましょう。　①～⑤ 各10点 50点

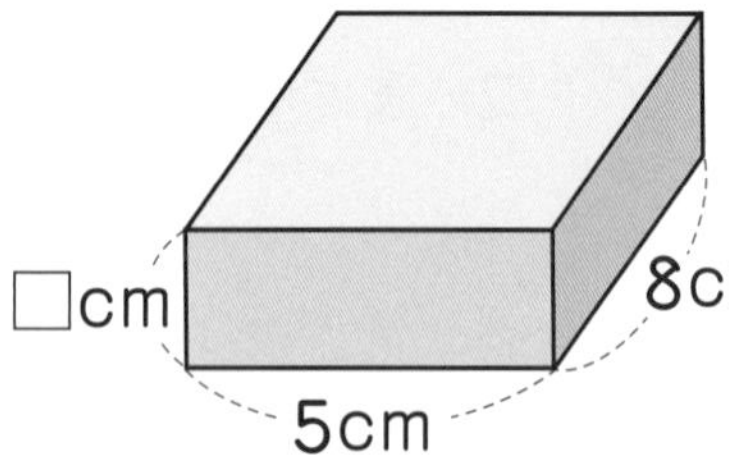

①高さを□ cm，そのときの体積を○ cm³ として，
体積を求める式を書きましょう。

直方体の体積を求める公式にあてはめよう。➡ [8×5×□＝○]

②高さを次の表のように変えると，体積はそれぞれ何 cm³ になりますか。空らんに書きましょう。

高さ（cm）	1	2	3	4	5	
体積（cm³）	40					

③体積○ cm³ は，高さ□ cm に比例《ひれい》しているといえますか。 [ ]

④体積が 280cm³ のときの高さは何 cm ですか。 [ ]

チャレンジもんだい

⑤高さが 10 倍になると，体積は何倍になりますか。 [ ]

2 高さが 6cm の平行四辺形について，答えましょう。　①～⑤ 各10点 50点

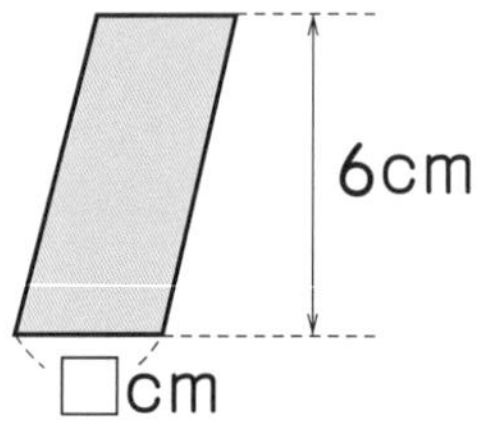

①底辺を□ cm，そのときの面積を○ cm² として，
面積を求める式を書きましょう。

平行四辺形の面積を求める公式にあてはめよう。➡ [□×6＝○]

②底辺を次の表のように変えると，面積はそれぞれ何 cm² になりますか。空らんに書きましょう。

底辺（cm）	1	2	3	4	5	
面積（cm²）	6					

③面積○ cm² は，底辺□ cm に比例《ひれい》しているといえますか。 [ ]

④面積が 42cm² のときの底辺は何 cm ですか。 [ ]

チャレンジもんだい

⑤面積が 54cm² のときの底辺は，面積が 12cm² のときの底辺の何倍になりますか。 [ ]

なるほど！

□が2倍，3倍，……になると，○も2倍，3倍，……になるとき，○は□に比例《ひれい》しているというよ。□が2倍，3倍，……になると，○はどうなっているか考えよう。

おかわりもんだい 別さつ3ページ

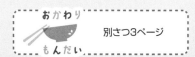

比例②

～いろいろな比例する量～

Webおかわりもんだい 算数②をみてね

勉強日　　月　　日

点数　　点

答え▼別さつ3ページ

1 下の表で，○は□に比例《ひれい》していますか。比例《ひれい》している場合は[　]に○を，比例《ひれい》していない場合は[　]に×をかきましょう。

1つ16点　80点

比例《ひれい》の関係を学ぼう

① 1mのねだんが120円のリボンの長さ□mと代金○円

リボンの長さ□（m）	1	2	3	4	5	6
代金○（円）	120	240	360	480	600	720

[○]

② 900mLあるジュースを飲んだ量□mLと残りの量○mL

飲んだ量□（mL）	100	200	300	400	500	600
残りの量○（mL）	800	700	600	500	400	300

[　　]

③正方形の1辺の長さ□cmと周りの長さ○cm

1辺の長さ□（cm）	1	2	3	4	5	6
周りの長さ○（cm）	4	8	12	16	20	24

[　　]

④ 1mの重さが28gのはり金□mの重さ○g

はり金の長さ□（m）	1	2	3	4	5	6
はり金の重さ○（g）	28	56	84	112	140	168

[　　]

⑤ 300個《こ》の商品を1分間に□個《こ》ずつ作るときにかかる時間○分

1分間に作る数□（個《こ》）	10	20	30	40	50	60
かかる時間○（分）	30	15	10	7.5	6	5

[　　]

2 次の表の○は□に比例《ひれい》しています。表の㋐～㋒にあてはまる数を書きましょう。

全部で　20点

□	1	2	3	4	5	6
○	㋐ 9	18	㋑	㋒	45	54

なるほど！

○が□に比例《ひれい》しているとき，○=□×△（△は□が1のときの○の値《あたい》）になるよ。**1**では□が2, 3, 4, 5, 6のときの○の値《あたい》を確《たし》かめてみよう。**2**の㋐は18÷2で求められるよ。

おかわりもんだい　別さつ3ページ

8 小数のかけ算①

～整数×小数～

Webおかわりもんだい 算数③をみてね

勉強日　　月　　日

点数　　点

答え▼別さつ3ページ

1 計算をしましょう。　1つ7点　84点

小数をかける筆算のしかたを学ぼう

① $\begin{array}{r} 4 \\ \times 3.2 \\ \hline 12.8 \end{array}$

② $\begin{array}{r} 5 \\ \times 1.6 \\ \hline \end{array}$

③ $\begin{array}{r} 8 \\ \times 0.6 \\ \hline \end{array}$

④ $\begin{array}{r} 5 \\ \times 0.8 \\ \hline \end{array}$

⑤ $\begin{array}{r} 7 \\ \times 1.2 \\ \hline \end{array}$

⑥ $\begin{array}{r} 6 \\ \times 3.6 \\ \hline \end{array}$

⑦ $\begin{array}{r} 15 \\ \times 0.7 \\ \hline \end{array}$

⑧ $\begin{array}{r} 12 \\ \times 3.1 \\ \hline \end{array}$

⑨ $\begin{array}{r} 6 \\ \times 0.43 \\ \hline \end{array}$

⑩ $\begin{array}{r} 2 \\ \times 3.85 \\ \hline \end{array}$

⑪ $\begin{array}{r} 4 \\ \times 0.25 \\ \hline \end{array}$

⑫ $\begin{array}{r} 3 \\ \times 7.24 \\ \hline \end{array}$

2 積が9より小さくなるのはどれですか。記号で全部答えましょう。　全部で　7点

㋐9×1.3　㋑9×0.9　㋒9×0.98　㋓9×1.02

[　　　　]

3 67 × 146 = 9782 をもとにして，次の積を求めましょう。　1つ3点　9点

①67×14.6　②67×1.46　③6.7×146

なるほど！

整数×小数の計算は，まず小数点がない整数どうしのかけ算として計算して，最後に小数点をうつよ。積の小数点は，かける数の小数点にそろえよう。

おかわりもんだい　別さつ3ページ

9 小数のかけ算②

～小数×小数～

Webおかわりもんだい
算数③をみてね

勉強日　　月　　日

点数　　点

答え▼別さつ4ページ

1 ［　］にあてはまる数を書きましょう。　1つ5点　20点

① $5.3\times0.6=53\times6\div$［ 100 ］＝［ 3.18 ］

② $0.8\times2.5=8\times25\div$［　　］＝［　　］

③ $0.04\times7.5=4\times75\div$［　　］＝［　　］

④ $0.6\times0.49=6\times49\div$［　　］＝［　　］

2 計算をしましょう。　1つ8点　80点

小数×小数の筆算のしかたを学ぼう

①
```
   1.6   ← 小数点以下は 1 けた。
 × 2.3   ← 小数点以下は 1 けた。
 ─────
    4 8
  3 2
 ─────
  3.6 8  ← 答えの小数点以下は，
           1＋1＝2 より，2 けた。
```

②
```
  3.1 2   ← 小数点以下は 2 けた。
 ×  2.4   ← 小数点以下は 1 けた。
 ──────
          答えの小数点以下は，
          2＋1＝3 より，3 けた。
```

③
```
   1.5
 × 3.7
 ─────
```

④
```
   2.8
 × 0.4
 ─────
```

⑤
```
   5.6
 × 1.5
 ─────
```

⑥
```
  3.4 8
 ×  1.2
 ──────
```

⑦
```
  5.2 8
 ×  0.6
 ──────
```

⑧
```
  0.2 5
 ×  5.4
 ──────
```

チャレンジもんだい ⑨
```
  0.0 8
 ×  0.7
 ──────
  0.0 5 6
  ↑ ↑  小数点以下は，
        3 けたなので，
        0 を追加する。
```

チャレンジもんだい ⑩
```
  0.1 4
 ×  3.9
 ──────
```

なるほど！ 小数×小数の計算も，まず小数点がないものとして計算しよう。求めた積に，かけられる数とかける数の小数点以下のけた数をたした分だけ，右から数えて小数点をうつよ。小数点の右にある最後の0は消しておこう。

おかわりもんだい 別さつ4ページ

算数

10 小数のかけ算③
～計算のきまり，計算のくふう～

Webおかわりもんだい 算数③をみてね

勉強日　　月　　日

点数　　点

答え▼別さつ4ページ

1 計算のきまりを利用して，くふうして計算しましょう。

1つ8点　80点

計算のくふうのしかたを考えよう

(○×□)×△=○×(□×△)を利用。

① 1.8×2.5×4 = 1.8×(2.5×4)
= 1.8×10
=

○×□+○×△=○×(□+△)を利用。

② 3.5×1.7＋3.5×2.3

99=100−1として，
(○−□)×△=○×△−□×△を利用。

③ 99×2.5

10.4=10+0.4として，
○×(□+△)=○×□+○×△を利用。

④ 25×10.4

⑤ 0.5×9.8×8

○×△−□×△=(○−□)×△を利用。

⑥ 9.6×2.8−3.6×2.8

⑦ 8.3×24−8×24

⑧ 102×1.5

⑨ 0.5×3.14＋1.5×3.14

⑩ 19.8×15

2 [　]にあてはまる数を書きましょう。

1つ10点　20点

① 37.5×5×4＝37.5×[20]＝[　　]

チャレンジもんだい

② 4.44×25＝4.44×100÷[　　]＝[　　]

なるほど！

小数の計算でも，計算のきまりが使えるよ。かける順序《じゅんじょ》を変えたり，同じ数をかける数どうしのたし算やひき算にしたり，数を分解《ぶんかい》してかけたりして，かんたんな計算になるようにくふうしよう。

おかわりもんだい　別さつ4ページ

小数のかけ算④

～小数をふくむ文章題～

Webおかわりもんだい
算数④をみてね

勉強日　　月　　日

点数　　点

答え▼別さつ5ページ

1 1mのねだんが50円のリボンがあります。このリボンを2.5m買うと，代金はいくらになりますか。

式8点，答え7点，筆算5点　20点

［式］50×2.5

↑
1mのねだんを2.5倍する。

［答え］［　　　］

［筆算］

　 5 0
×2.5

2 1mの重さが4kgの鉄のぼうがあります。このぼう3.2mの重さは何kgですか。

式8点，答え7点，筆算5点　20点

［式］

［答え］［　　　］

［筆算］

3 1mの重さが3.8kgの鉄のぼうがあります。このぼう1.2mの重さは何kgですか。

式8点，答え7点，筆算5点　20点

［式］

［答え］［　　　］

［筆算］

4 1kgのジュースを，ぶどうを0.8kg使って作りました。このジュース0.6kgには，ぶどうは何kg入っていますか。

式8点，答え7点，筆算5点　20点

［式］

［答え］［　　　］

［筆算］

5 1gあたり12.5円の部品があります。この部品3.6gでは，何円になりますか。

式8点，答え7点，筆算5点　20点

［式］

［答え］［　　　］

［筆算］

なるほど！
かける数やかけられる数が小数でも，考え方は整数のときと同じだよ。1mのねだんや重さをもとにして考えよう。

おかわりもんだい
別さつ5ページ

算数

12 小数のかけ算⑤
～面積や体積～

Webおかわりもんだい 算数④をみてね

勉強日　　月　　日

点数　　点

答え▶別さつ5ページ

算数

1 次の長方形の面積を求めましょう。(②は m^2 で答えましょう。)　式 各8点, 答え 各7点, 筆算各5点　40点

①

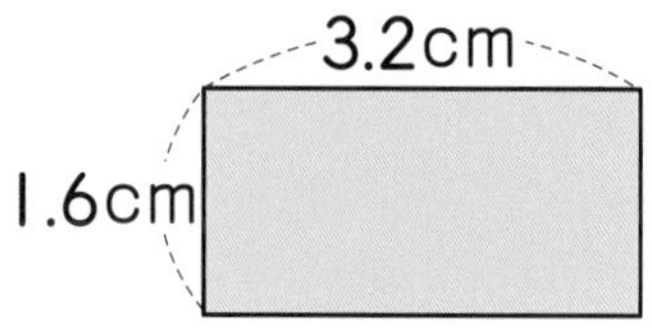

面積の公式を使おう

[式] 1.6×3.2

[筆算]

1.6
×3.2

[答え] [　　　　]

②

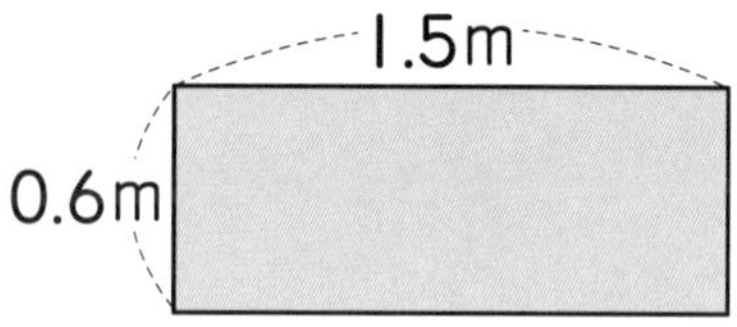

[式]

[筆算]

[答え] [　　　　]

2 たてが 1.4m, 横が 3.58m の長方形の面積を求めましょう。(m^2 で答えましょう。)　式8点, 答え7点, 筆算5点　20点

[式]

[筆算]

[答え] [　　　　]

3 次のような直方体や立方体の体積を求めましょう。　式 各8点, 答え 各7点, 筆算各5点　40点

①

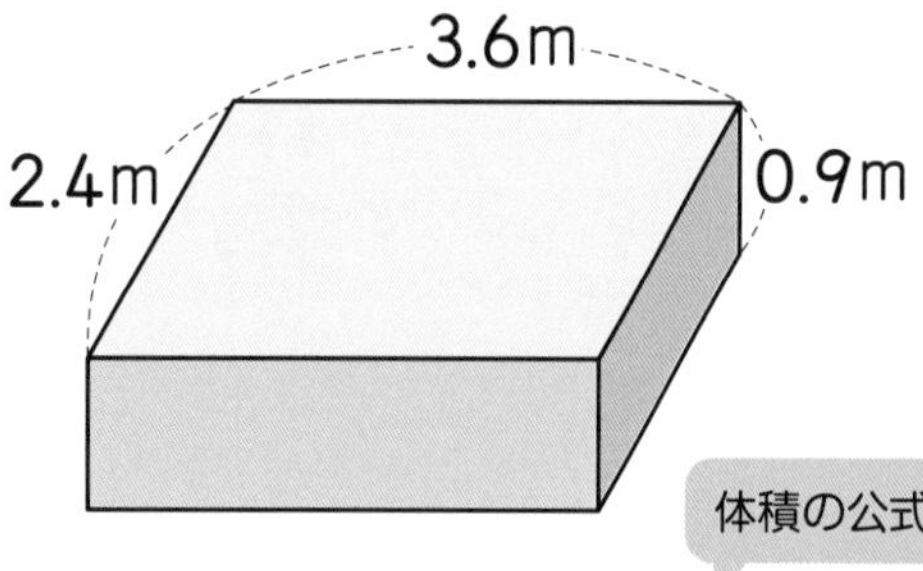

体積の公式を使おう

[式] 2.4×3.6×0.9

[筆算]

[答え] [　　　　]

②

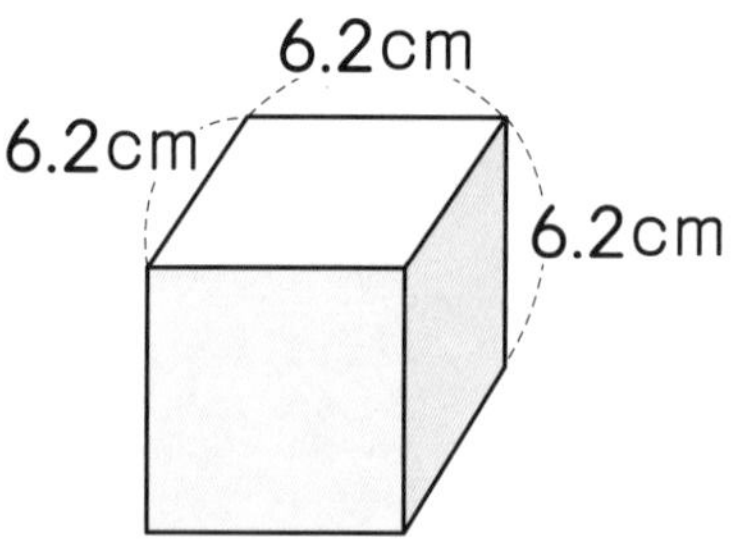

[式]

[筆算]

[答え] [　　　　]

なるほど！　辺の長さが小数の場合でも，面積や体積を求める公式が使えるよ。公式にあてはめて，小数点の位置に気をつけて計算しよう。

おかわりもんだい　別さつ5ページ

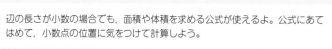

小数のかけ算⑥
～小数倍～

Webおかわりもんだい 算数④をみてね

勉強日　　月　　日

点数　　点

答え▼別さつ5ページ

1 赤，白，青の３本のリボンがあります。それぞれの長さは，下の表のとおりです。

式 各8点，答え 各7点，筆算各5点　40点

もとにするのはどちらか考えよう

①赤のリボンの長さは，白のリボンの長さの何倍ですか。

↑ 白のリボンの長さを１とみたときの赤のリボンの長さを求めるので，白のリボンの長さでわる。

リボンの長さ

	長さ（m）
赤	6
白	8
青	5

［式］6 ÷ 8

［答え］

［筆算］

②青のリボンの長さは，白のリボンの長さの何倍ですか。

［式］

［答え］

［筆算］

2 次の重さを求めましょう。

式 各8点，答え 各7点，筆算各5点　60点

① 4.8kg の 0.5 倍の重さ

［式］4.8×0.5

↑ 小数倍も整数倍と同じようにかけ算で求める。

［答え］

［筆算］

$$\begin{array}{r} 4.8 \\ \times\ 0.5 \\ \hline \end{array}$$

② 4.8kg の 1.2 倍の重さ

［式］

［答え］

［筆算］

③ 4.8kg の 0.25 倍の重さ

［式］

［答え］

［筆算］

なるほど！ 何倍や倍の量などの求め方も，整数のときと同じだよ。もとにする量が何か，よく問題を読んで考えよう。「○は□の何倍か」のとき，□がもとにする量で，何倍かは○÷□で求められるよ。

おかわりもんだい 別さつ6ページ

小数のわり算①

～整数÷小数～

Webおかわりもんだい 算数⑤をみてね

勉強日　　月　　日

点数　　点

答え▶別さつ6ページ

1 小数点の位置に注意して，[　]にあてはまる数を書きましょう。　1つ10点 20点

①600÷1.2＝[6000]÷12＝[　　]

②34÷0.85＝3400÷[　　]＝[　　]

2 計算をしましょう。　1つ8点 80点

整数÷小数の筆算のしかたを覚えよう

①

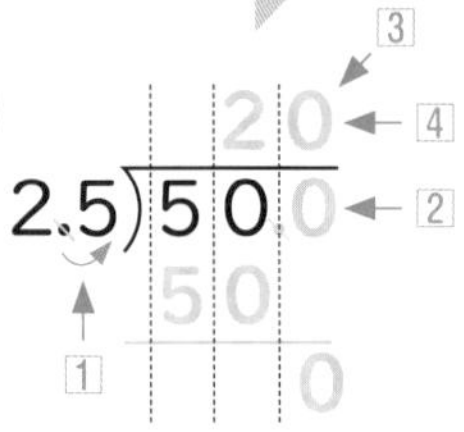

1 わる数の小数点を右へ1つ移《うつ》して整数（25）にする。
2 わられる数の小数点も，わる数と同じけたの数だけ右へ移《うつ》し，500にする。
3 500÷25を計算する。
4 商の小数点は，わられる数の移《うつ》した小数点の位置にそろえてうち，20とする。

② 0.3)18

③ 0.7)21

④ 1.5)120

⑤ 1.6)8

⑥ 2.4)36

⑦ 3.5)28

⑧

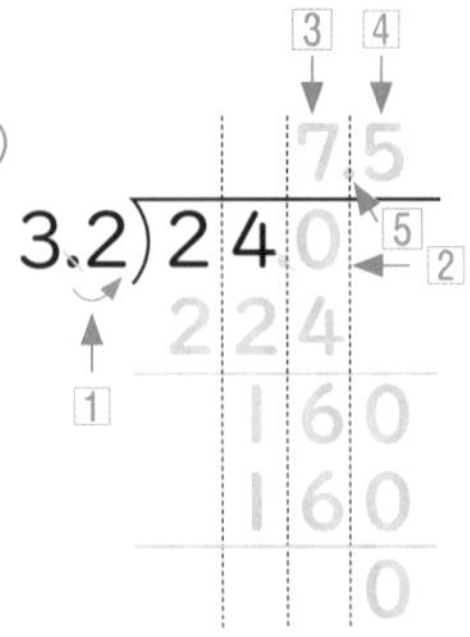

1 わる数の小数点を右へ1つ移《うつ》して整数（32）にする。
2 わられる数の小数点も，わる数と同じけたの数だけ右へ移《うつ》し，240にする。
3 240÷32を計算する。
4 わりきれないので，わられる数に0をつけたしてわり進む。
5 商の小数点は，わられる数の移《うつ》した小数点の位置にそろえてうち，7.5とする。

⑨ 1.2)9

⑩ 2.4)15

なるほど！

小数でわるわり算は，まず，わる数の小数点を右に移《うつ》してわる数を整数になおすよ。次に，わられる数の小数点も，わる数の小数点を移《うつ》したけたの数だけ右に移《うつ》して，整数のときと同じように計算するよ。商の小数点は，右に移《うつ》したわられる数の小数点の位置にそろえてうつよ。

おかわりもんだい 別さつ6ページ

算数

15 小数のわり算②

～小数÷小数～

Webおかわりもんだい 算数⑤をみてね

勉強日　　月　　日

点数　　点

答え▼別さつ6ページ

算数

1 小数点の位置に注意して，［　］にあてはまる数を書きましょう。　1つ10点　20点

① 50.4÷1.4＝［ 504 ］÷14＝［　　　］

② 3.24÷1.2＝32.4÷［　　　］＝［　　　］

2 計算をしましょう。　1つ8点　80点

わり算のときの小数点の移動《いどう》のしかたを覚えよう

① 1.5)25.5

17
1.5)25.5
15
105
105
0

[1] わる数の小数点を右へ 1 つ移《うつ》して整数（15）にする。
[2] わられる数の小数点も，わる数と同じけたの数だけ右へ移《うつ》し，255 にする。
[3] 255 ÷ 15 を計算する。
[4] 商の小数点は，わられる数の移《うつ》した小数点の位置にそろえてうち，17 とする。

② 1.6)28.8

③ 2.2)4.18

④ 2.9)5.22

⑤ 0.29)11.6

⑥ 1.5)4.35

⑦ 0.8)29.6

⑧ 2.8)18.2

6.5
2.8)18.2
168
140
140
0

[1] わる数の小数点を右へ 1 つ移《うつ》して整数（28）にする。
[2] わられる数の小数点も，わる数と同じけたの数だけ右へ移《うつ》し，182 にする。
[3] 182 ÷ 28 を計算する。
[4] わりきれないので，わられる数に 0 をつけたしてわり進む。
[5] 商の小数点は，わられる数の移《うつ》した小数点の位置にそろえてうち，6.5 とする。

⑨ 0.5)3.6

⑩ 0.18)1.17

なるほど！ 小数を小数でわる場合も，14 と同じように，わる数を整数にして計算しよう。わりきれない場合は，わりきれるまで，わられる数の右に0をつけたして計算するよ。

おかわりもんだい 別さつ7ページ

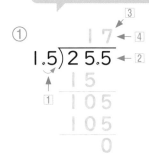

小数のわり算③

～整数÷小数の文章題～

Webおかわりもんだい 算数⑤をみてね

勉強日　　月　　日

点数　　点

答え▼別さつ7ページ

1 リボンを 3.5m 買ったら，代金は 280 円でした。このリボン 1m のねだんは何円ですか。

式8点，答え7点，筆算5点　20点

式を完成させよう

［式］ 280÷3.5

［答え］［　　　　］

［筆算］

```
      80
3.5)280.0
    280
      0
```

2 324g あるホースの長さをはかったら，1.8m ありました。このホース 1m の重さは何 g ですか。

式8点，答え7点，筆算5点　20点

［式］

［答え］［　　　　］

［筆算］

3 面積が $8m^2$ の長方形があります。横の長さが 3.2m のとき，たての長さは何 m ですか。

式8点，答え7点，筆算5点　20点

［式］

［答え］［　　　　］

［筆算］

4 赤いリボンと青いリボンがあります。赤いリボンの長さは 6m で，青いリボンの長さの 2.5 倍です。青いリボンの長さは何 m ですか。

式8点，答え7点，筆算5点　20点

［式］

［答え］［　　　　］

［筆算］

5 10L ある油を 0.4L ずつビンに分けると，ビンは何本になりますか。

式8点，答え7点，筆算5点　20点

［式］

［答え］［　　　　］

［筆算］

なるほど！　小数をふくむ文章題も，考え方は整数の場合と同じだよ。式のたて方がわからない場合は，求めるものを□として，かけ算の式をつくってから，□を求めるやり方を考えよう。

おかわりもんだい　別さつ7ページ

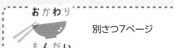

小数のわり算④
～小数÷小数の文章題～

Webおかわりもんだい
算数⑥をみてね

勉強日　　月　　日

点数　　点

答え▶別さつ7ページ

1 長さ 1.5m の鉄のぼうの重さをはかったら，6.3kg ありました。この鉄のぼう 1m の重さは何 kg ですか。

式8点，答え7点，筆算5点　20点

式を完成させよう

［式］ $6.3 \div 1.5$

［答え］［　　　］

［筆算］

```
      4.2
1.5)6.3
     60
      30
      30
       0
```

2 1 個《こ》の重さが 0.53kg ある荷物がいくつかあります。全体の重さが 63.6kg あるとき，この荷物は何個《こ》ありますか。

式8点，答え7点，筆算5点　20点

［式］

［答え］［　　　］

［筆算］

3 たての長さが 5.6m で面積が $47.6m^2$ の長方形の花だんがあります。この花だんの横の長さは何 m ですか。

式8点，答え7点，筆算5点　20点

［式］

［答え］［　　　］

［筆算］

4 赤いリボンの長さは 3.06m，青いリボンの長さは 3.6m です。赤いリボンの長さは，青いリボンの長さの何倍ですか。

式8点，答え7点，筆算5点　20点

［式］

［答え］［　　　］

［筆算］

ャレンジ
んだい

5 中駅から北駅までの道のりは，南駅から中駅までの道のりの 1.25 倍の 2.25km あります。南駅から中駅までの道のりは何 km ですか。

式8点，答え7点，筆算5点　20点

［式］

［答え］［　　　］

［筆算］

なるほど！
式のたて方がわからない場合は，求めるものを□としてかけ算の式をつくったり，線分図をかいたりして考えよう。

おかわりもんだい　別さつ8ページ

算数

18 小数のわり算⑤

〜あまりのあるわり算〜

Webおかわりもんだい
算数⑥をみてね

勉強日　　月　　日

点数　　点

答え▶別さつ8ページ

1 次の商を一の位まで求めて，あまりも求めましょう。

①12点，②〜⑤各13点　64点

商とあまりの小数点のうち方を覚えよう

①

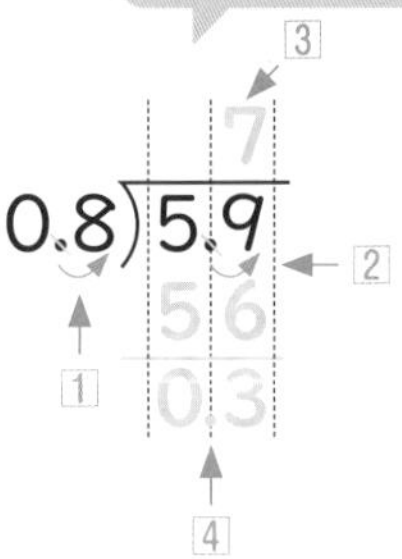

1 わる数の小数点を右へ１つ移《うつ》して整数（8）にする。
2 わられる数の小数点も，わる数と同じけたの数だけ右へ移《うつ》し，59とする。
3 59÷8を一の位まで計算してあまりを書く。
4 あまりの小数点は，わられる数のもとの小数点の位置にそろえてうつ。

② 3.2)7.6

③ 0.9)13.9

④ 1.9)23.5

⑤ 3.8)60.9

2 次の商を$\frac{1}{10}$の位まで求めて，あまりも求めましょう。

1つ12点　36点

①

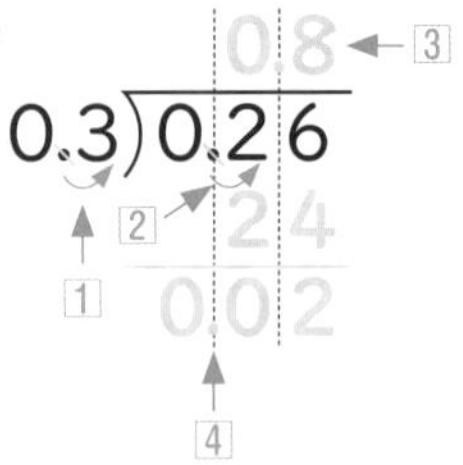

② 1.5)4.9

③ 2.5)16.4

1 わる数の小数点を１つ右へ移《うつ》して整数（3）にする。
2 わられる数の小数点も，わる数と同じけたの数だけ右に移《うつ》して2.6とする。
3 2.6÷3を$\frac{1}{10}$の位まで計算してあまりを書く。
4 あまりの小数点は，わられる数のもとの小数点の位置にそろえてうつ。

なるほど！

あまりを求めるわり算も，15と同じように，商を求める位まで計算しよう。あまりの小数点は，わられる数のもとの小数点の位置にそろえてうつよ。小数点の位置に気をつけよう。

おかわりもんだい　別さつ8ページ

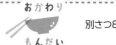

小数のわり算⑥

～答えをがい数で求める～

Webおかわりもんだい 算数⑥をみてね

勉強日　　月　　日

点数　　点

答え▼別さつ8ページ

算数

1 次の商を四捨五入《ししゃごにゅう》して，$\frac{1}{10}$の位までのがい数で答えましょう。　1つ20点　100点

小数の四捨五入《ししゃごにゅう》のしかたを覚えよう

① 3.6)44.2

3
12.27
3.6)44.2
36
82
72
100
72
280
252
28

← 商を$\frac{1}{100}$の位まで求めて四捨五入《ししゃごにゅう》する。

[答え]［　　　　］

② 4.2)5.8

[答え]［　　　　］

③ 2.4)72.5

[答え]［　　　　］

④ 0.4)3.9

[答え]［　　　　］

⑤ 24.6)4.43

[答え]［　　　　］

なるほど！ $\frac{1}{10}$の位までのがい数は，$\frac{1}{100}$の位まで計算して，$\frac{1}{100}$の位の数を四捨五入《ししゃごにゅう》するよ。

おかわりもんだい 別さつ9ページ

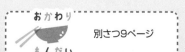

算数 20

合同な図形①

～合同な図形の性質～

Webおかわりもんだい 算数⑦をみてね

勉強日　　月　　日

点数　　点

答え▼別さつ9ページ

算数

1 合同な図形はどれとどれですか。２組選んで記号で答えましょう。　1つ16点　32点

合同な図形の特ちょうを覚えよう

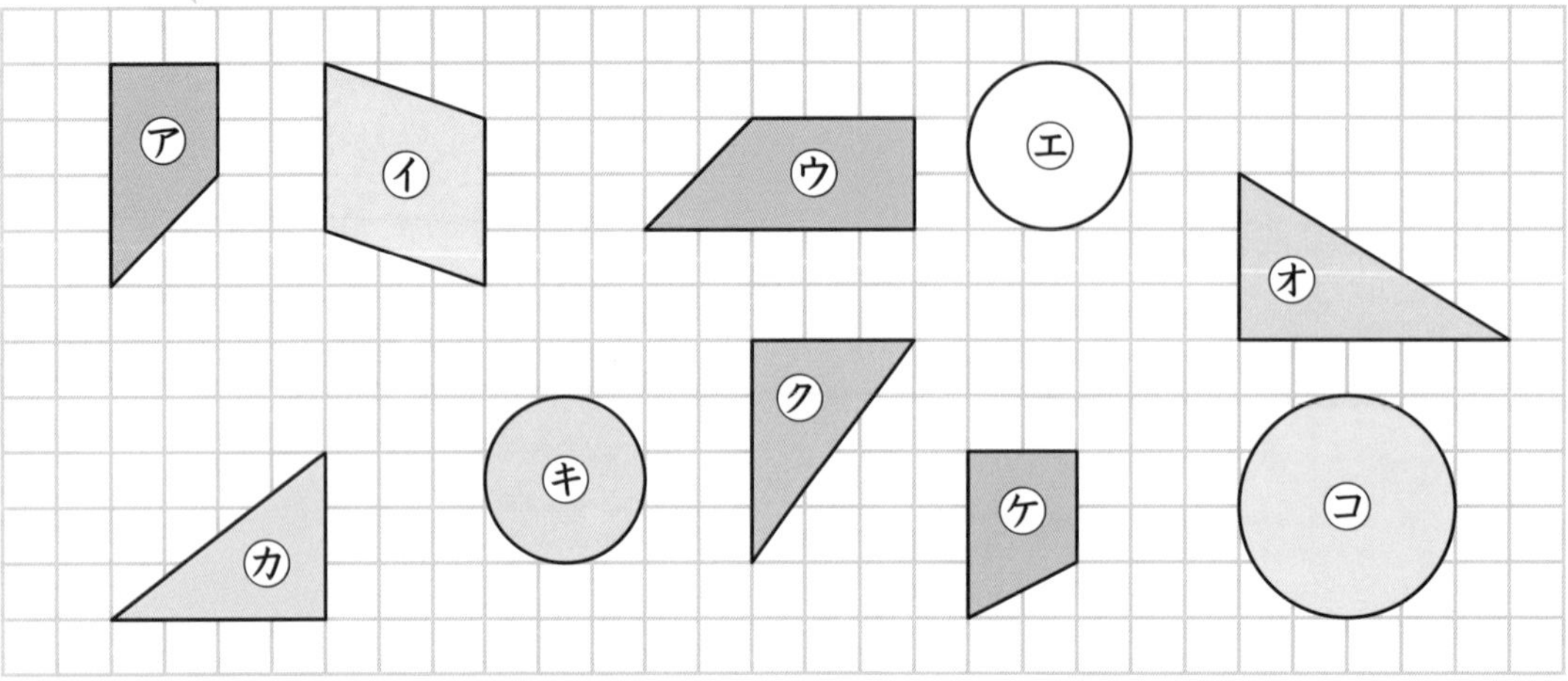

↑
形も大きさも同じ図形を見つける。

[㋓ と ㋖]　[と]

2 下の㋐と㋑は合同な図形です。これについて，次の問いに答えましょう。　1つ16点　48点

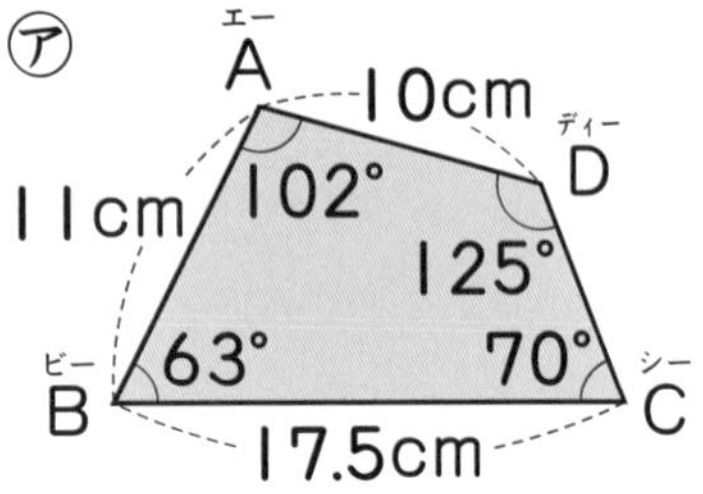

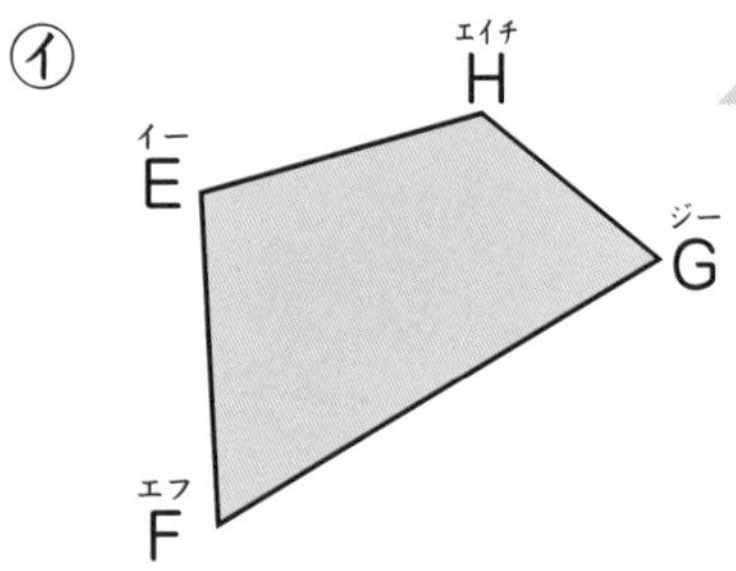

対応《たいおう》する辺や角を見つけよう

①角F《エフ》の大きさは何度ですか。

[63°]

②辺EH《イーエイチ》の長さは何cmですか。

[ ]

③角G《ジー》に対応《たいおう》する角はどれですか。記号で答えましょう。

[ ]

チャレンジもんだい

3 下の図は平行四辺形に２本の対角線をひいたものです。合同な三角形の組を全て答えましょう。　1つ5点　20点

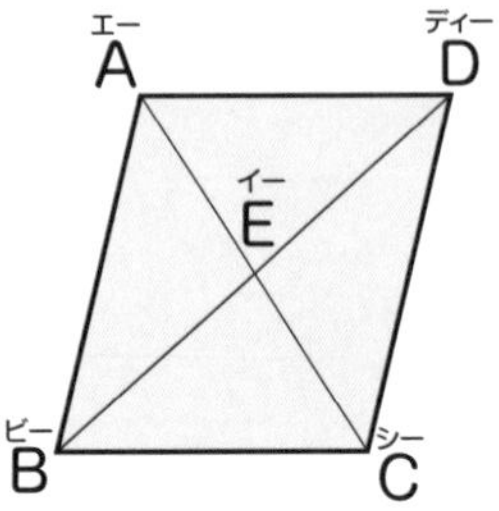

[三角形ABC《エービーシー》と三角形CDA《シーディーエー》]　[ ]

[ ]　[ ]

なるほど！　ひっくり返したり，回転させたりしたらぴったり重なる形も，合同だよ。合同な図形は，全ての辺の長さが等しいので，マス目を数えて辺の長さを確《かく》にんしよう。円は，直径が同じなら合同だよ。

おかわりもんだい　別さつ9ページ

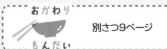

合同な図形②

～合同な三角形・四角形をかく～

Webおかわりもんだい
算数⑦をみてね

勉強日　　月　　日

点数　　点

答え▶別さつ9ページ

1 次の三角形を定規《じょうぎ》，コンパス，分度器を使ってかきましょう。　1つ25点　50点

三角形のかき方を覚えよう

1 つの辺をかき，その両はしから，
コンパスで残りの辺の長さをうつしとる。

①辺の長さが 4.5cm, 4cm, 3cm の三角形

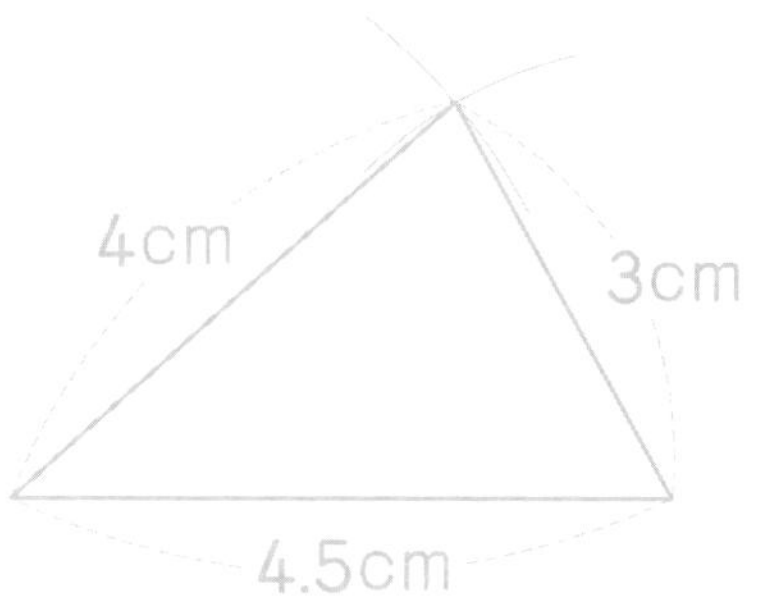

② 1 つの辺の長さが 4cm で，その両はしの角が 40° と 60° の三角形

2 次の四角形と合同な四角形を右にかきましょう。　1つ25点　50点

①

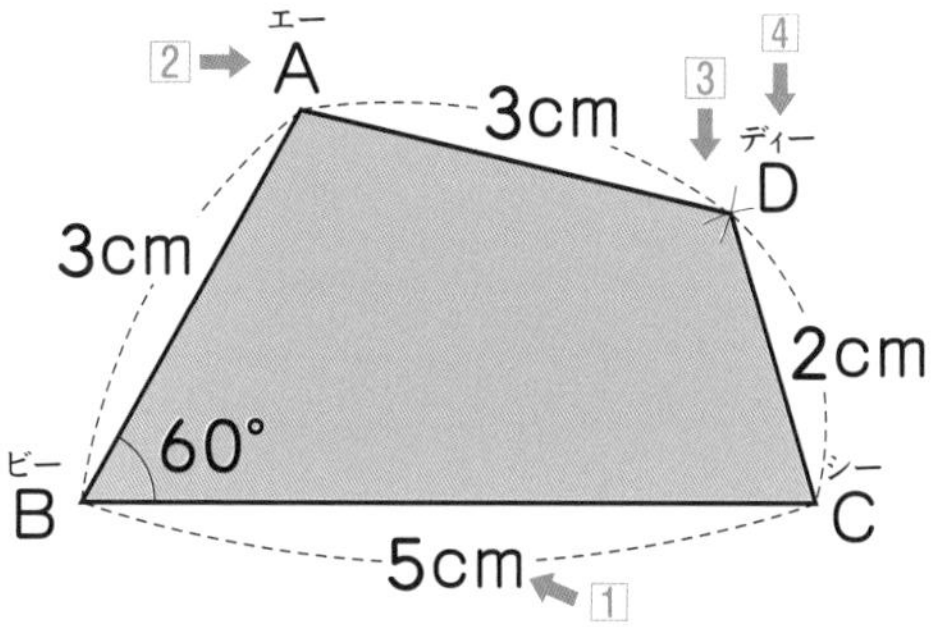

1 5cm の辺 BC《ビーシー》 をかく。
2 分度器を使って点 B《ビー》 から 60° の角をつくり，3cm の辺 BA《ビーエー》 をかく。
3 頂点《ちょうてん》 A《エー》 を中心として半径 3cm の円，頂点《ちょうてん》 C《シー》 を中心として半径 2cm の円をかく。
4 2 つの円の交わったところを頂点《ちょうてん》 D《ディー》 として，頂点《ちょうてん》 A《エー》 と頂点《ちょうてん》 D《ディー》，頂点《ちょうてん》 C《シー》 と頂点《ちょうてん》 D《ディー》 を結ぶ。

②台形

辺 AD《エーディー》 と辺 BC《ビーシー》 は平行。平行な直線は，
三角定規《じょうぎ》を使ってかけるよ。

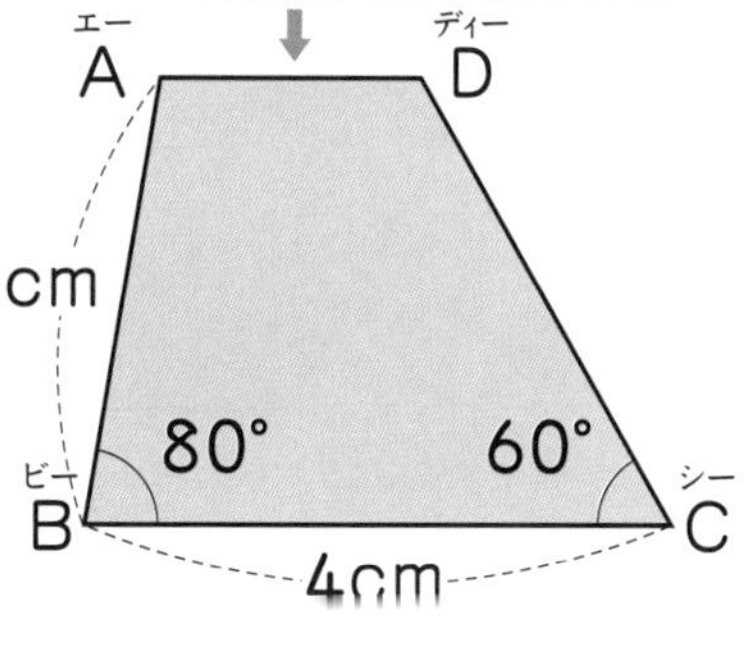

なるほど！
定規《じょうぎ》やコンパス，分度器を使って正確《せいかく》にかこう。かいた線は消さずに残しておくよ。台形をかくときは，上底と下底が平行なことを利用して，三角定規《じょうぎ》を2つ使ってかこう。

おかわりもんだい　別さつ9ページ

図形と角

～三角形・四角形の角～

Webおかわりもんだい 算数⑦をみてね

勉強日　　月　　日

点数　　　点

答え▶別さつ9ページ

算数

1 ㋐，㋑，㋒，㋓の角度を，計算で求めましょう。　式·答え各7点 56点

①

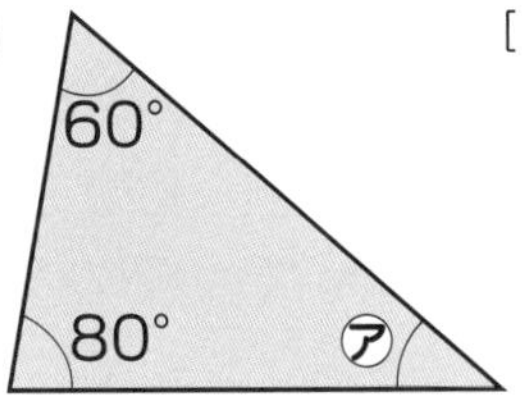

［式］180°−60°−80°
=40°

［答え］［　40°　］

②

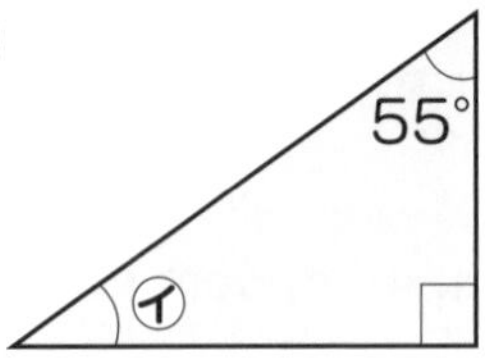

［式］

［答え］［　　］

③

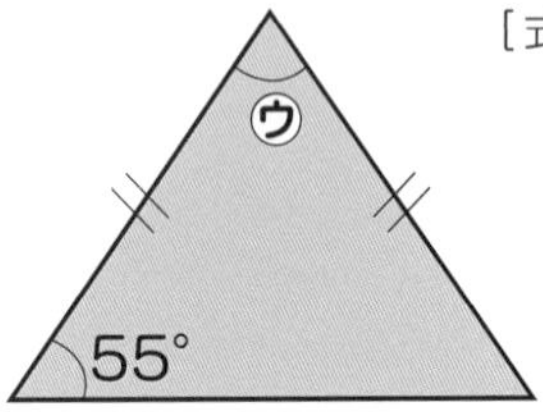

［式］

［答え］［　　］

④

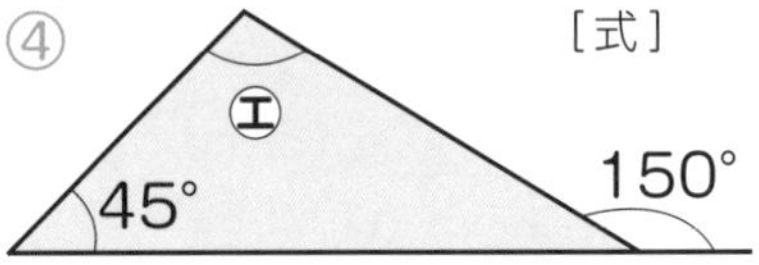

［式］

［答え］［　　］

2 ㋐，㋑の角度を，計算で求めましょう。　式·答え各7点 28点

①

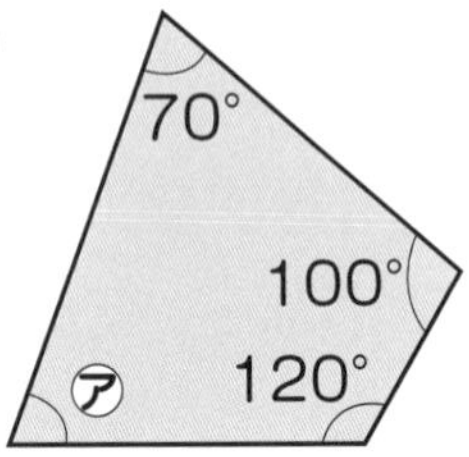

［式］360°−70°
−120°−100°
=70°

［答え］［　70°　］

②

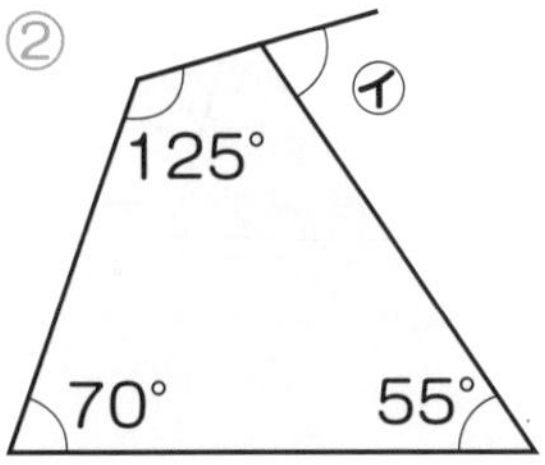

［式］

［答え］［　　］

3 六角形の角の大きさの和を求めます。□にあてはまる数を書きましょう。　全部で 16点

六角形は１つの頂点《ちょうてん》から対角線をひくと ㋐［4］ つの

三角形に分けられるから，六角形の角の大きさの和

は，180 × ㋑［　］ = ㋒［　］ （度）になります。

同じように考えると，十角形は対角線で ㋓［　］ つの

三角形に分けられるから，十角形の角の大きさの和は

180 × ㋔［　］ = ㋕［　］ （度）になります。

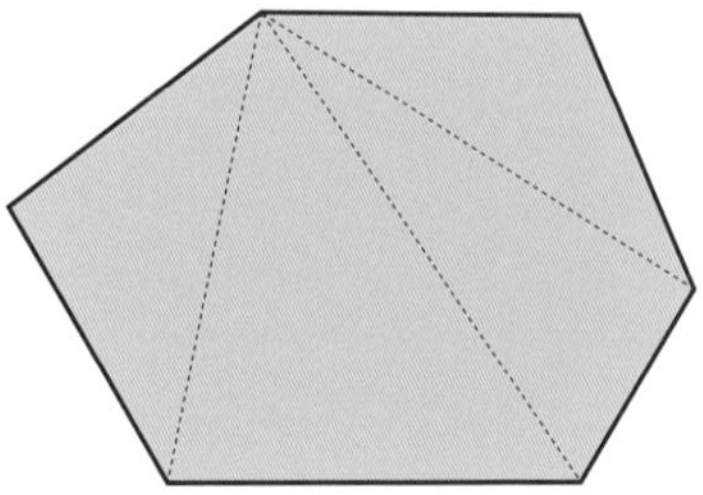

なるほど！

三角形の３つの角の和が180°であること，四角形の４つの角の和が360°であること，二等辺三角形の２つの角が等しいことを利用しよう。□角形は，１つの頂点《ちょうてん》からの対角線で（□－２）個《こ》の三角形に分けられるよ。

おかわりもんだい 別さつ10ページ

1学期のまとめ

点数

点

答え▼別さつ10ページ

勉強日　　月　　日

1 計算をしましょう。　1つ8点　64点

① $\begin{array}{r} 24 \\ \times\ 1.7 \\ \hline \end{array}$　② $\begin{array}{r} 35 \\ \times\ 2.6 \\ \hline \end{array}$　③ $\begin{array}{r} 2.9 \\ \times\ 4.7 \\ \hline \end{array}$　④ $\begin{array}{r} 0.24 \\ \times\ 1.3 \\ \hline \end{array}$

⑤ $1.2\overline{)0.72}$　⑥ $6.4\overline{)1.6}$　⑦ $4.5\overline{)6.3}$　⑧ $3.6\overline{)9}$

2 2m のねだんが 240 円のリボンがあります。このリボン 5m の代金はいくらですか。

式10点，答え8点　18点

［式］

［答え］［　　　　］

3 右のような形の体積を求めましょう。

式10点，答え8点　18点

［式］

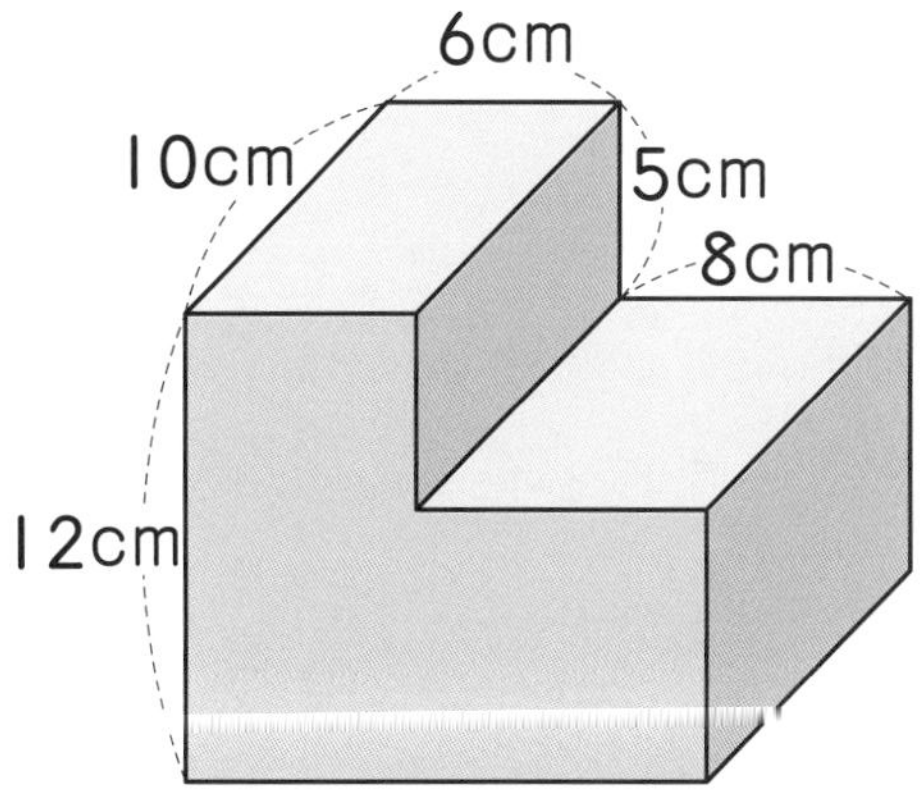

［答え］［　　　　］

なるほど！

小数をふくむ計算では，小数点の位置のまちがいに気をつけよう。直方体を組み合わせた形の体積は，分けて求めるか，大きい直方体の体積からへこんだ部分の体積をひいて求めるよ。計算がかん単なほうで求めよう。

算数

24 ２学期の先取り

点数　　点

答え▶別さつ10ページ

勉強日　　月　　日

1 次の数の倍数を，小さいほうから順に９つ書きましょう。　1つ10点　20点

①3

倍数
３の倍数は，３に整数をかけた数。

３に１から順に整数をかける。

[3,6,9,　　　　]

②2

[　　　　]

2 次の（　）の中の数の公倍数を，小さいほうから順に３つ書きましょう。　1つ10点　20点

①（2，3）

公倍数
公倍数は，２つの数に共通な倍数。

３の倍数のうち，２の倍数でもあるものを答える。

[6,12,　　　　]

②（5，10）

[　　　　]

3 次の数の約数を全部書きましょう。　1つ10点　20点

約数
約数は，その数をわりきることのできる数。

①16

[1,2,　　　　]

16÷1＝16で，16は１でわりきれる。

②12

[　　　　]

4 次の（　）の中の数の公約数を全部書きましょう。　1つ10点　20点

公約数
公約数は２つの数に共通な約数。

①（12，16）

[1,2,　　　　]

②（21，35）

[　　　　]

5 □にあてはまる数を書きましょう。　1つ10点　20点

$\frac{4}{7}$は$\frac{1}{7}$が４つ分だから，４を７つに分けるのと同じになる。

① $\frac{4}{7}=\square\div7$

② $\frac{13}{5}=13\div\square$

なるほど！
倍数はその数に整数をかけた数，公倍数はいくつかの数に共通な倍数だよ。０は倍数に入れないことに注意しよう。約数はその数をわりきれる数で，１とその数自身も約数になるよ。公約数はいくつかの数に共通な約数だよ。

花のつくり

点数　　点

勉強日　　月　　日

答え▶別さつ11ページ

1 下の図は，いろいろな花のつくりを表したものです。①～⑤，⑦～⑩に当てはまる名前を書きましょう。また，⑥に当てはまる植物の名前を〇で囲《かこ》みましょう。　1つ10点　100点

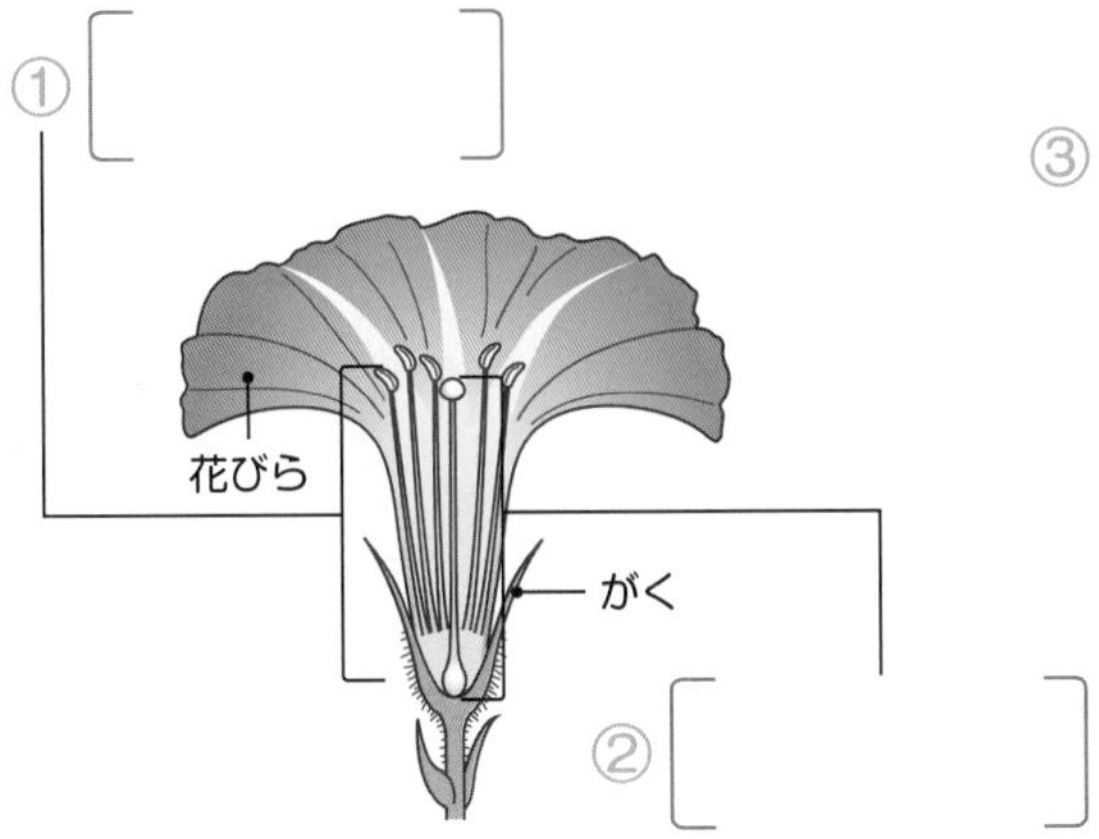

アサガオ

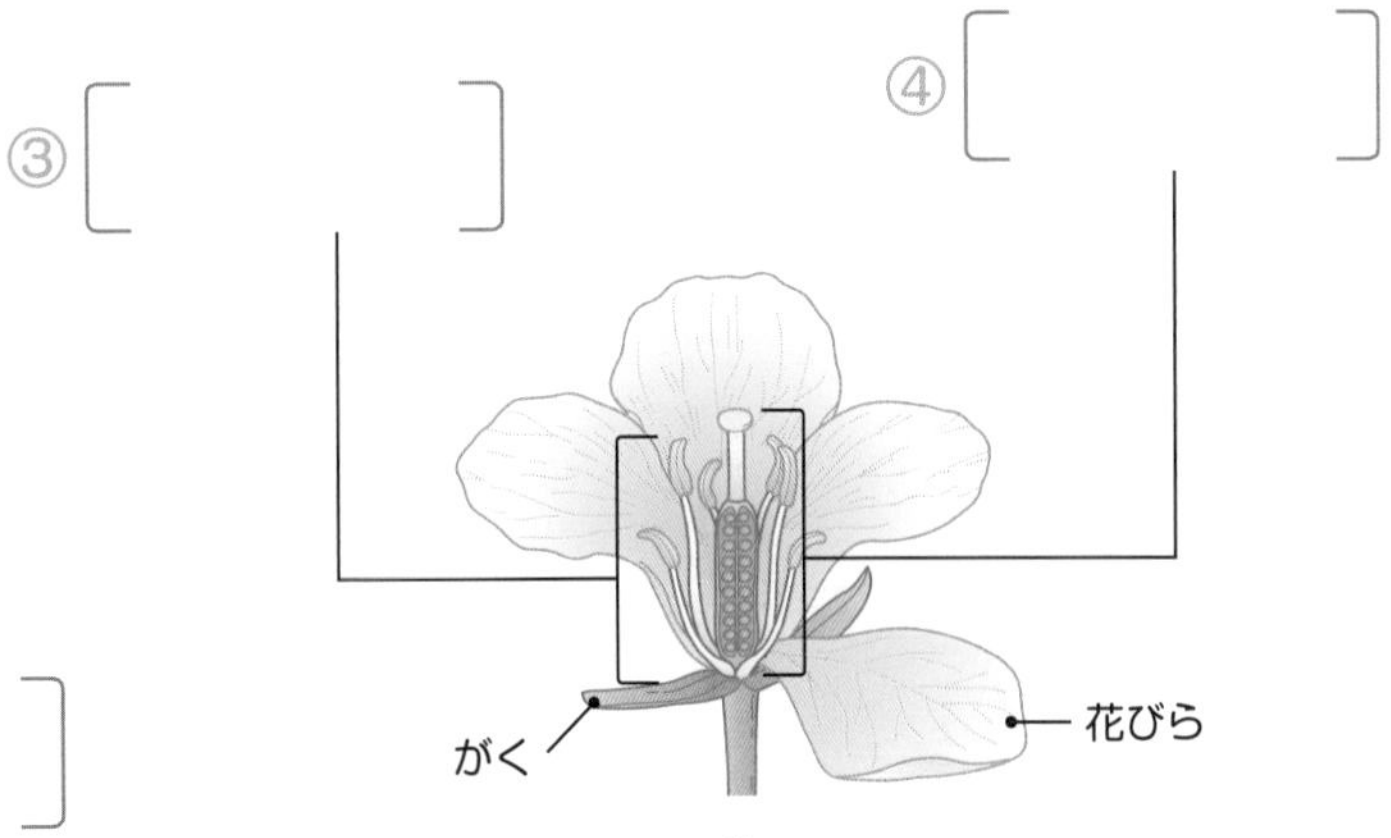

アブラナ

アサガオやアブラナは，
１つの花におしべと
⑤［　　　　］があるね。

ほかにも
⑥［エンドウ・ツルレイシ］も
同じようなつくりをしているよ。

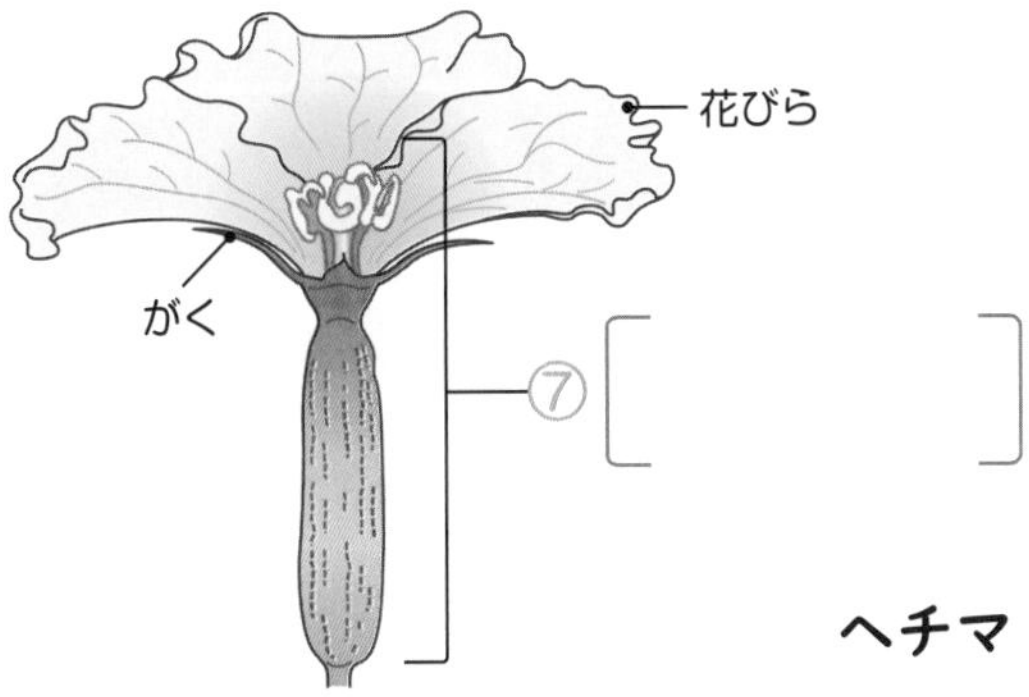

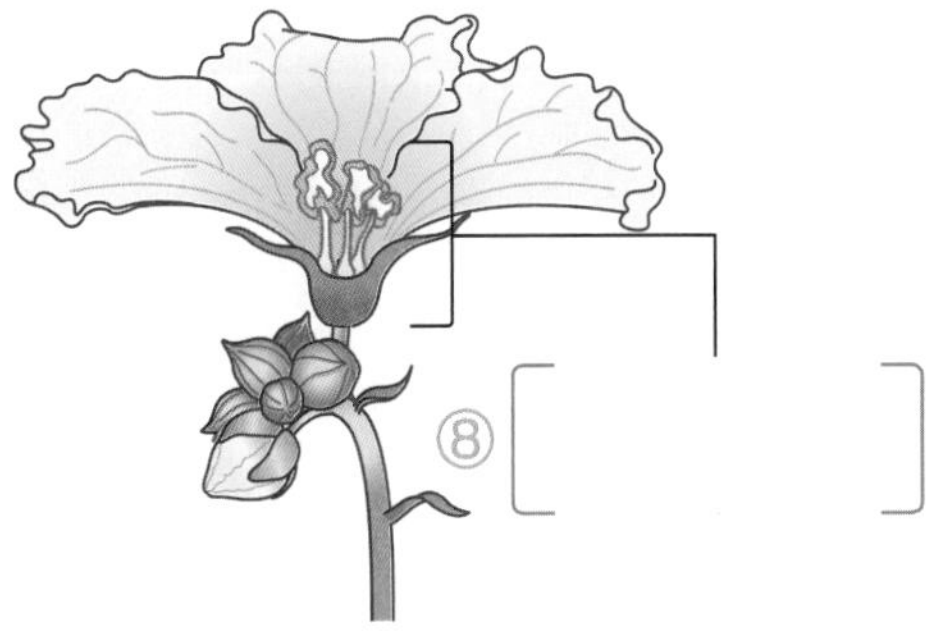

ヘチマ

ヘチマには，⑨［　　　　］があるめばなと，⑩［　　　　］があるおばながあるね。

ヒョウタンにもめばなとおばながあるよ。実ができるのが楽しみだなあ。

なるほど！

学校や公園，旅行先などで，いろいろな花の写真をとり，花の特ちょうを観察したり，植物の名前を調べたりして，自分だけの図かんをつくろう。

2 植物の発芽と成長

勉強日　　月　　日

点数　　点

答え▶別さつ11ページ

1 発芽に必要な条件《じょうけん》を調べました。[　　]に当てはまる記号を書きましょう。　1つ20点　60点

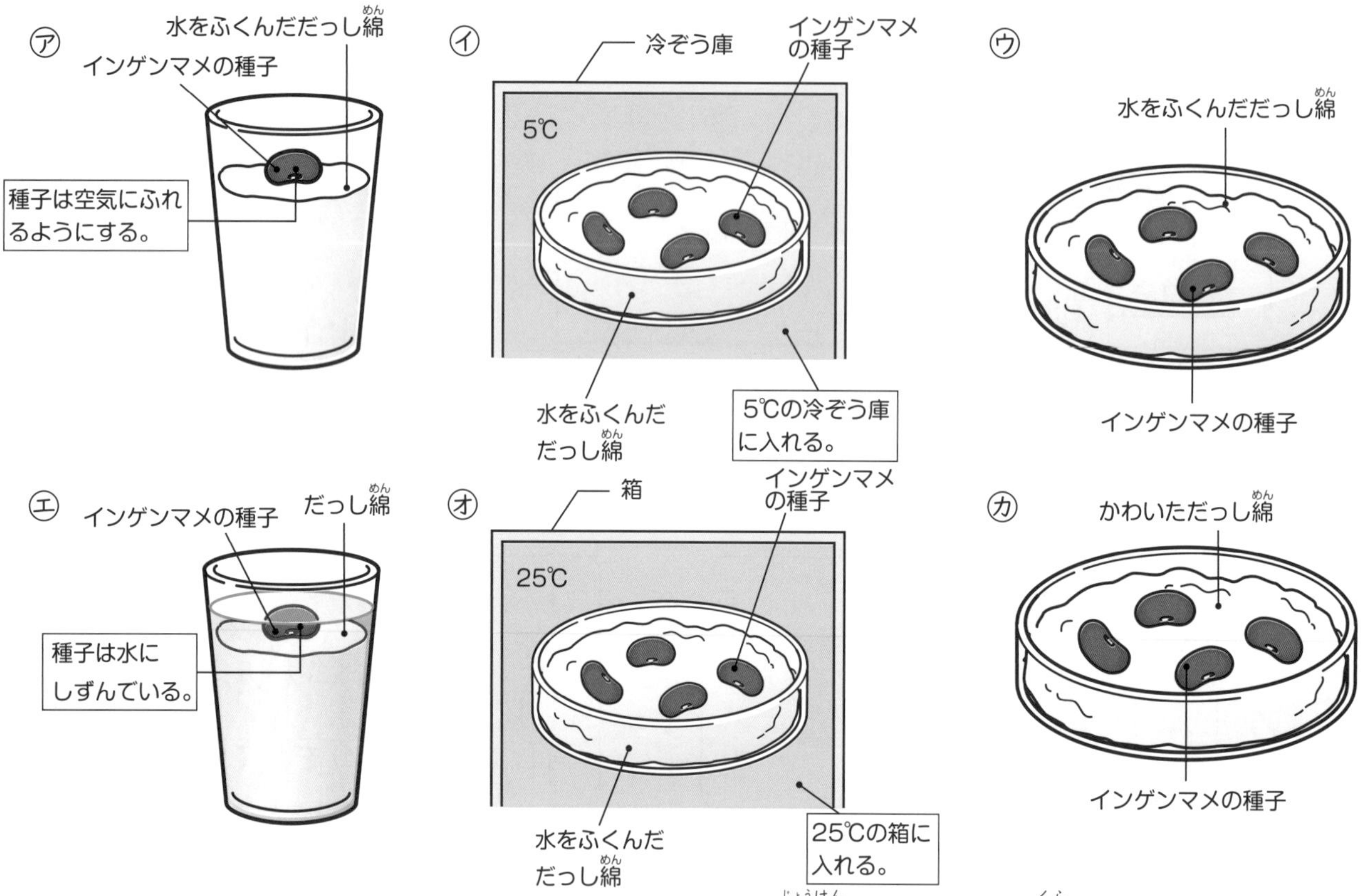

①発芽に水が必要かどうかを調べるときは，水以外の条件《じょうけん》が同じものを比《くら》べるので，

[　　と　　]を比《くら》べる。

②発芽に空気が必要かどうかを調べるときは，空気以外の条件《じょうけん》が同じものを比《くら》べるので，

[　　と　　]を比《くら》べる。

③発芽に適当《てきとう》な温度が必要かどうかを調べるときは，温度以外の条件《じょうけん》が同じものを比《くら》べるので，

[　　と　　]を比《くら》べる。

2 次の条件《じょうけん》のうち，①，②に当てはまるものを**全て**選びましょう。　1つ20点　40点

水　光　風　空気　肥料《ひりょう》　適当《てきとう》な温度

①種子が発芽するのに必要な条件《じょうけん》　[　　　　]

②植物がよく成長するのに**必要ではない**条件《じょうけん》　[　　　　]

なるほど！

家の周りや学校，公園などで，日なたにしか見られない植物，日かげにしか見られない植物，日なたにも日かげにも見られる植物をさがしてみよう。

3 メダカのたんじょう

点数　　点

答え▼別さつ11ページ

勉強日　　月　　日

1 次の図は，メダカのめすとおすを表したものです。[　　] に当てはまる言葉を ⬚ から選んで書きましょう。 1つ10点 60点

●メダカの① [　　　]

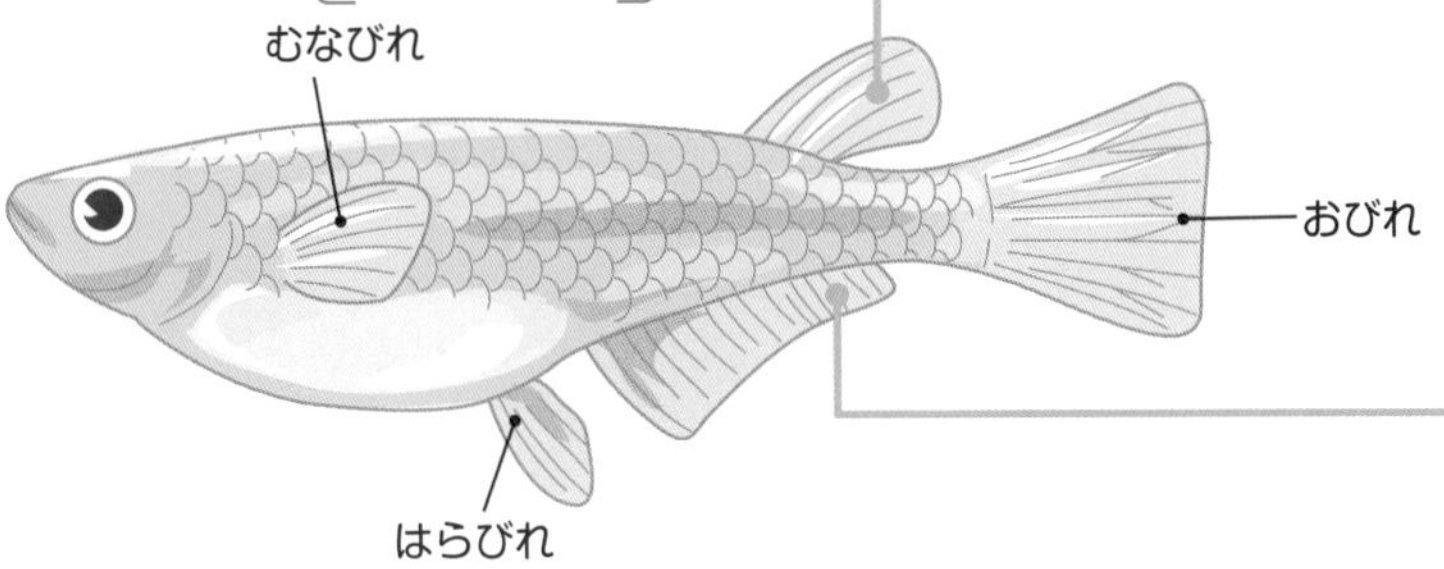

せびれに切れこみが
② [　　　]。

しりびれの後ろが
③ [　　　]。

●メダカの④ [　　　]

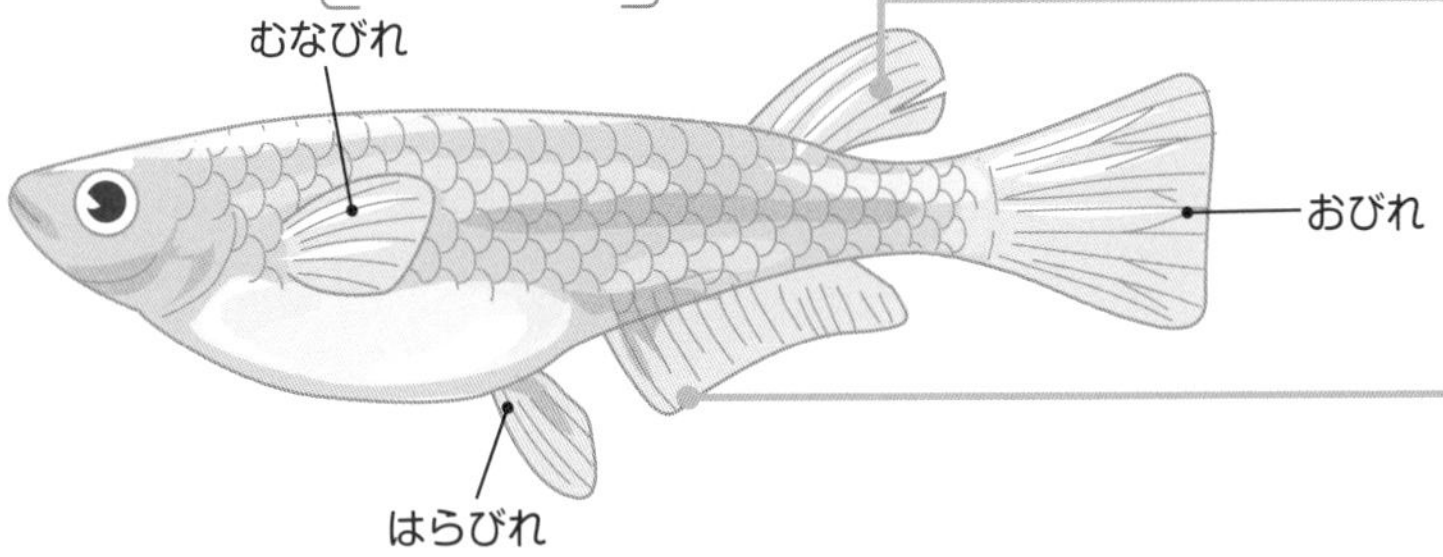

せびれに切れこみが
⑤ [　　　]。

しりびれが
⑥ [　　　　　]
に近い形。

めす　　おす　　ある　　ない　　短い　　長い　　三角形　　平行四辺形

2 メダカのたまごが変化する順に，次の㋐～㋓をならべましょう。 全部で 40点

㋐

からだの形ができてくる。

㋑

心ぞうの動きがわかるようになる。

㋒

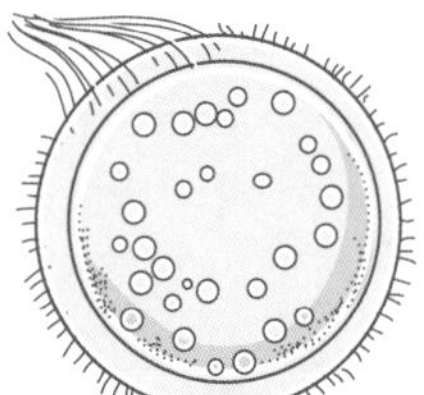

あわのようなものがたくさん見える。

㋓

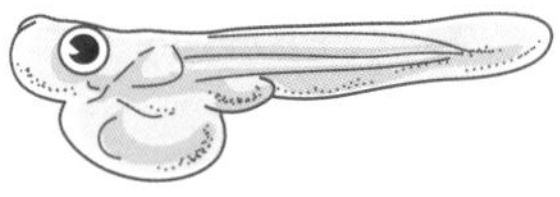

はらにふくらみがある。

[　　→　　→　　→　　]

なるほど！

水族館に行ったり，図かんを見たりして，いろいろな魚の育ち方を調べてみよう。子どもの形で生まれてくる魚もいるよ。

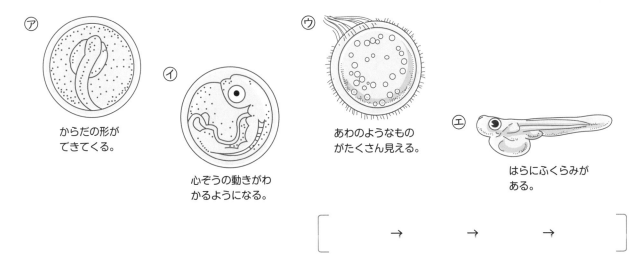

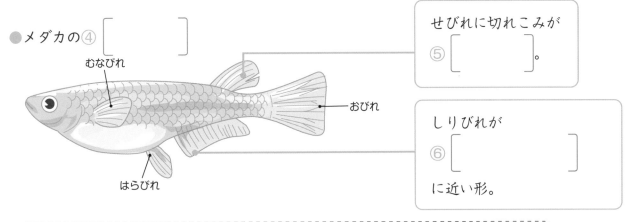

4 人のたんじょう

点数

勉強日　　月　　日

点

答え▶別さつ12ページ

1 下の図は，母親の子宮《しきゅう》の中のようすを表したものです。①，③，⑤に当てはまる名前を書きましょう。また，②，④，⑥に当てはまる言葉を○で囲《かこ》みましょう。　1つ10点　60点

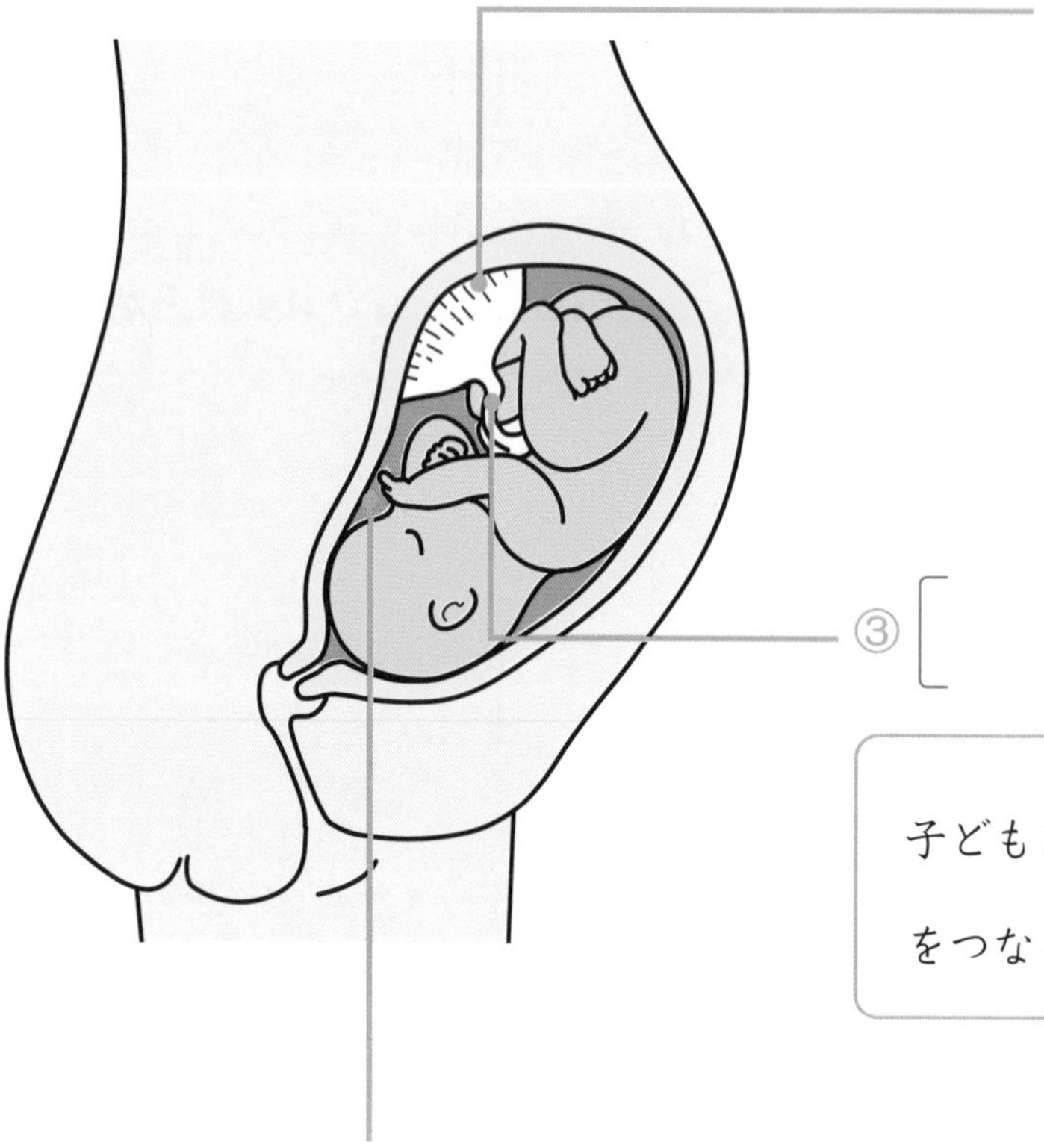

①［　　　　］

母親からの②［ 養分・水 ］などと，子どもがいらなくなった物を交かんする。

③［　　　　］

子どもと母親の④［ 羊《よう》まく・たいばん ］をつなぐ部分。

⑤［　　　　］

子どもを囲《かこ》んでいる⑥［ 気体・液体《えきたい》・固体 ］で，子どもを守るはたらきをしている。

2 人の生命のたんじょうについて，［　　］に当てはまる言葉を○で囲《かこ》みましょう。　1つ10点　40点

- 女性《じょせい》の体内でつくられた①［ 精子《せいし》・卵《らん》（卵子《らんし》）］と，男性《だんせい》の体内でつくられた②［ 精子《せいし》・卵《らん》（卵子《らんし》）］が結びつくことを③［ 受精《じゅせい》・受粉《じゅふん》 ］という。
- 受精卵《じゅせいらん》は，女性《じょせい》の体内の④［ たいばん・子宮《しきゅう》 ］の中で成長する。

なるほど！

図かんやインターネットを使って，人と同じような育ち方をする動物をさがしてみよう。

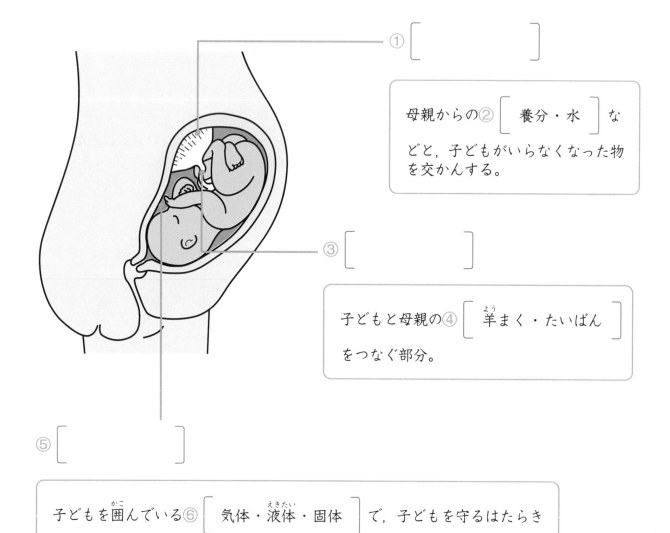

5 天気の変化

点数

勉強日　　月　　日

点

答え▶別さつ12ページ

1 次の気象情報《きしょうじょうほう》とその説明を線で結びましょう。

全部で　40点

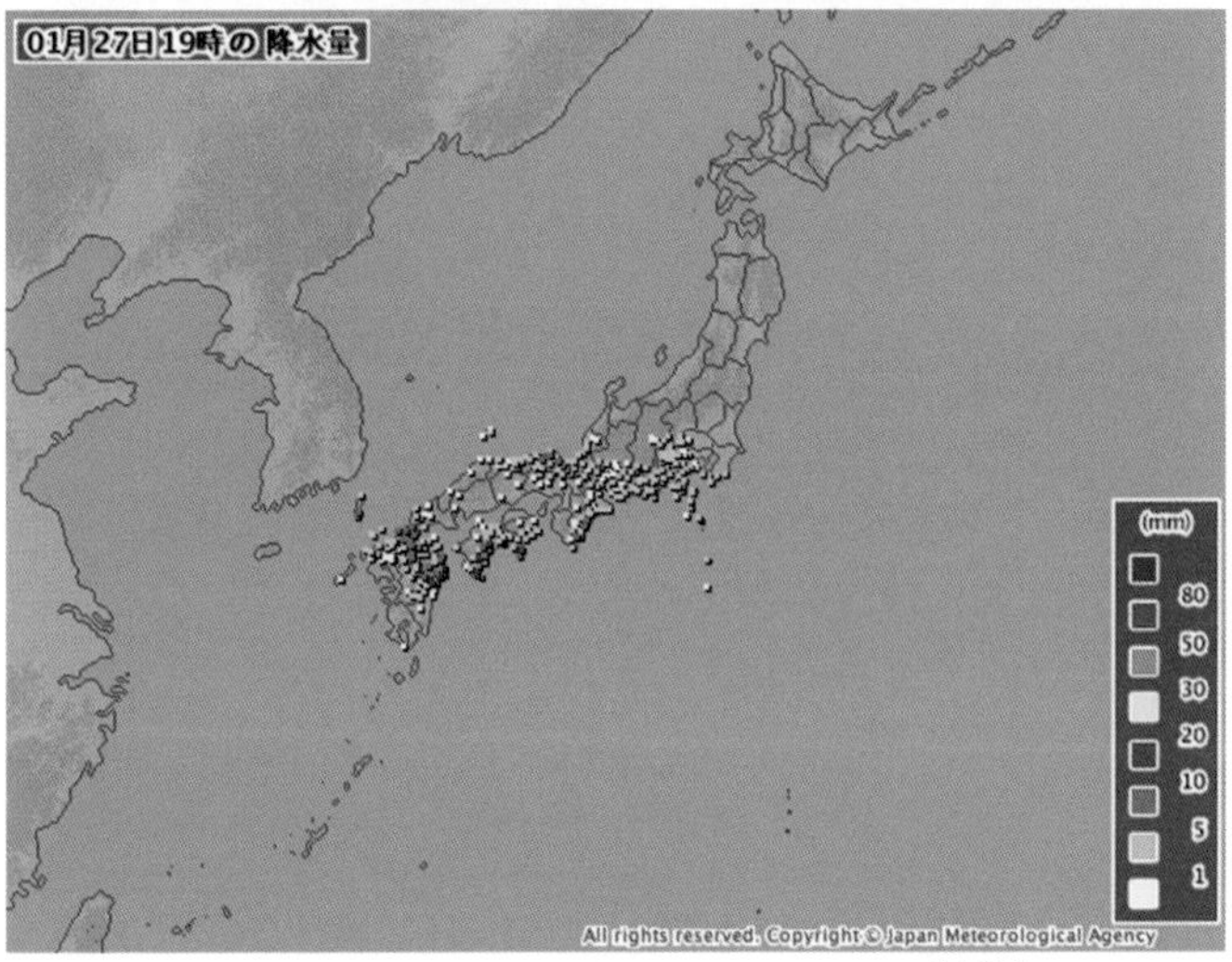

出典:気象庁《きしょうちょう》ホームページ

アメダスの雨量《うりょう》（降水量《こうすいりょう》）情報《じょうほう》

● 雨や雪がふっている地いきと，その強さを示したもの。

雲画像《がぞう》

● 気象衛星《きしょうえいせい》からの情報《じょうほう》をもとに，雲のようすを表したもの。

2 天気の変化について，［　　］に当てはまる言葉を○で囲《かこ》みましょう。

1つ20点　60点

雲は，およそ①［ 東・西 ］から②［ 東・西 ］に動いていくと習ったね。

だから，天気も③［ 東・西 ］から変わるんだね。

なるほど！

テレビの天気予報《てんきよほう》で，雲画像《がぞう》やアメダスの雨量《うりょう》（降水量《こうすいりょう》）情報《じょうほう》から，雲が動くようすや雨がふる地いきがどのように変化するのか見てみよう。

6 台風と気象情報

勉強日　　月　　日

点数　　点

答え▼別さつ12ページ

1 下の会話は，次の㋐～㋒のどの雲画像《がぞう》について話したものですか。　30点

[　　　]

㋐

㋑

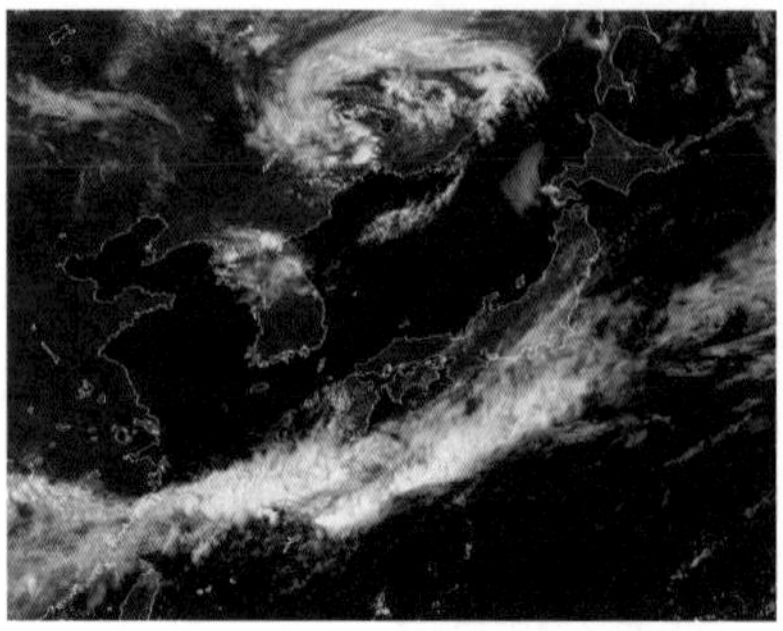

㋒

出典:気象庁《きしょうちょう》ホームページ

南のほうに，うずをまいたような雲があるね。

それが台風の雲だよ。

2 右の図は，過去《かこ》に発生した台風の進路を表したものです。[　　] に当てはまる言葉を○で囲《かこ》みましょう。　1つ10点　70点

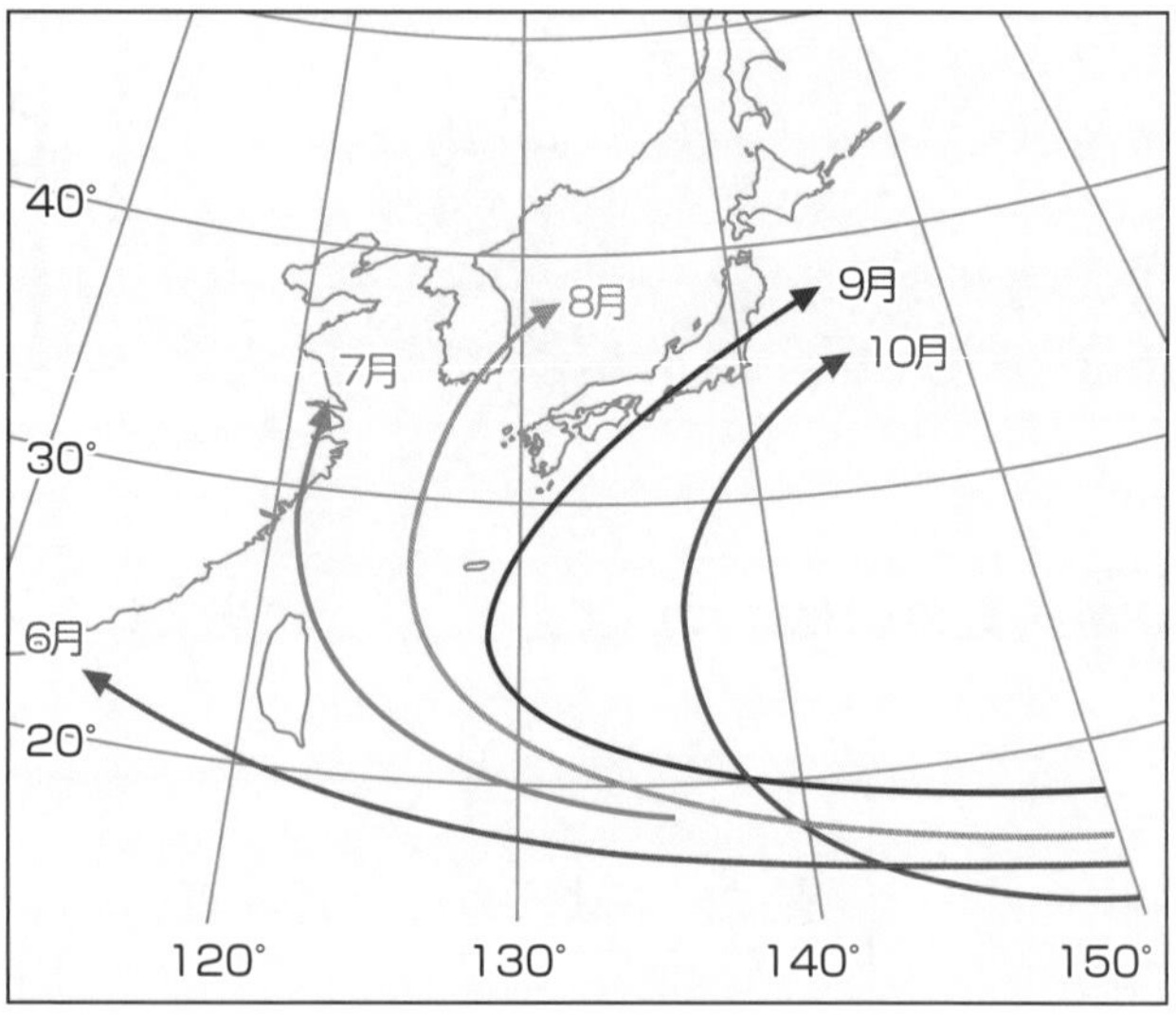

●台風は，① [北・南] のほうの② [海上・陸上] で発生する。

●台風は，③ [春・夏・秋・冬] から④ [春・夏・秋・冬] にかけて日本に近づく。

●台風の多くは，はじめは⑤ [東・西] のほうへ動き，やがて北のほうへ動く。

●台風によって，⑥ [強い・弱い] 雨がふり，⑦ [強い・弱い] 風がふく。

なるほど！

テレビのニュースや新聞，インターネットなどで，台風が近づいてきたときに準備《じゅんび》しておくこと，やってはいけないことを調べ，台風に備《そな》えて何をするかを家族と話し合おう。

社会

1 世界の中の国土

点数
点

勉強日　　月　　日

答え▶別さつ13ページ

1 次の地図の㋐の海洋名と㋑・㋒の大陸名を，下の[　　]の中からそれぞれ選んで書きましょう。

1つ10点　30点

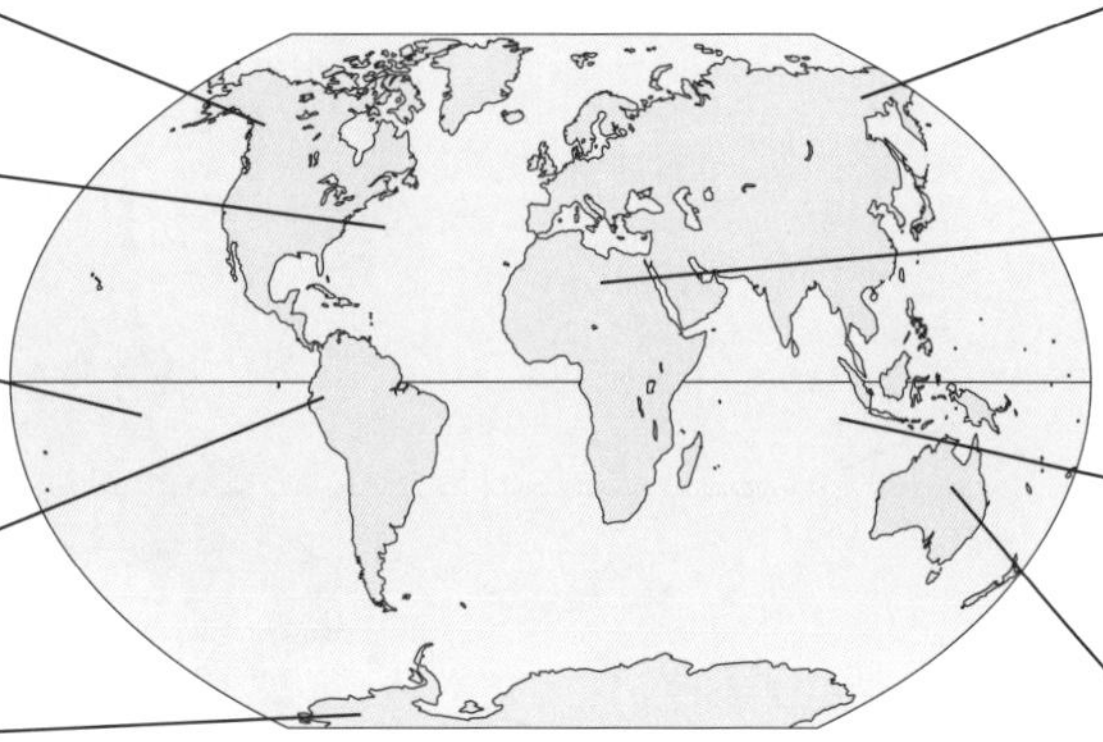

北アメリカ大陸

大西洋《たいせいよう》

㋐［　　　　］

南アメリカ大陸

南極大陸《なんきょくたいりく》

㋑［　　　　大陸］

㋒［　　　　大陸］

インド洋《よう》

オーストラリア大陸

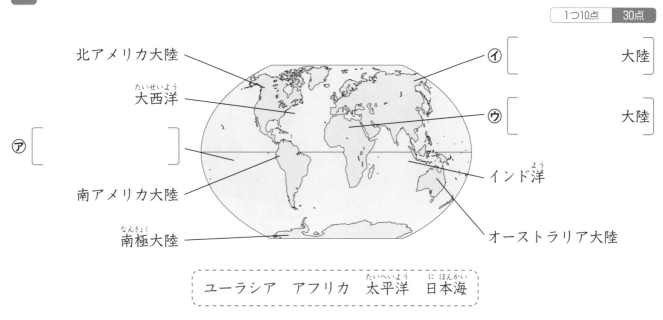

ユーラシア　アフリカ　太平洋《たいへいよう》　日本海《にほんかい》

2 次の地図を見て，問題に答えましょう。

1つ10点　70点

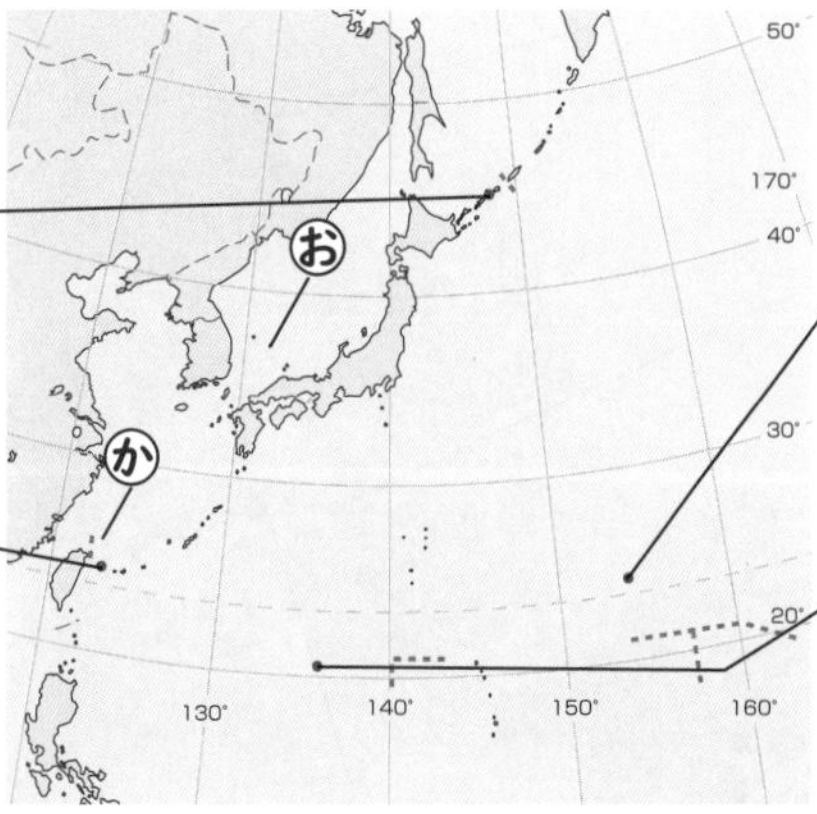

日本の北のはし

㋐［　　　　］

日本の西のはし

㋒［　　　　］

日本の東のはし

㋑［　　　　］

日本の南のはし

㋓［　　　　］

①地図のあ，い，う，えの島の名前を下の[　　]の中からそれぞれ選んで書きましょう。

南鳥島《みなみとりしま》　沖ノ鳥島《おきのとりしま》　択捉島《えとろふとう》　与那国島《よなぐにじま》

②次の文の［　　］にあてはまる国を下の**ア**～**ウ**から選び，記号を書きましょう。

地図のあ，お，かの島は日本の領土《りょうど》ですが，あは［　　］に，おは［　　］によって占《せん》領《りょう》されており，かは［　　］が自国の領土《りょうど》であると主張《しゅちょう》しています。

ア　中華人民共和国《ちゅうかじんみんきょうわこく》　**イ**　ロシア連邦《れんぽう》　**ウ**　大韓民国《だいかんみんこく》

なるほど！

世界には190あまりの国がある。世界の中で，日本の面積は，大きい方から数えて，61番目だよ。同じくらいの面積の国にはドイツなどがあるよ。日本は大陸には属《ぞく》さない，太平洋《たいへいよう》の西のはしにある島国だ。

社会

2 国土の地形の特色

勉強日　　月　　日

点数　　　点

答え▼別さつ13ページ

1 次の①～⑩にあてはまる地形の名前を，下の[ ]の中からそれぞれ選んで書きましょう。

1つ10点　100点

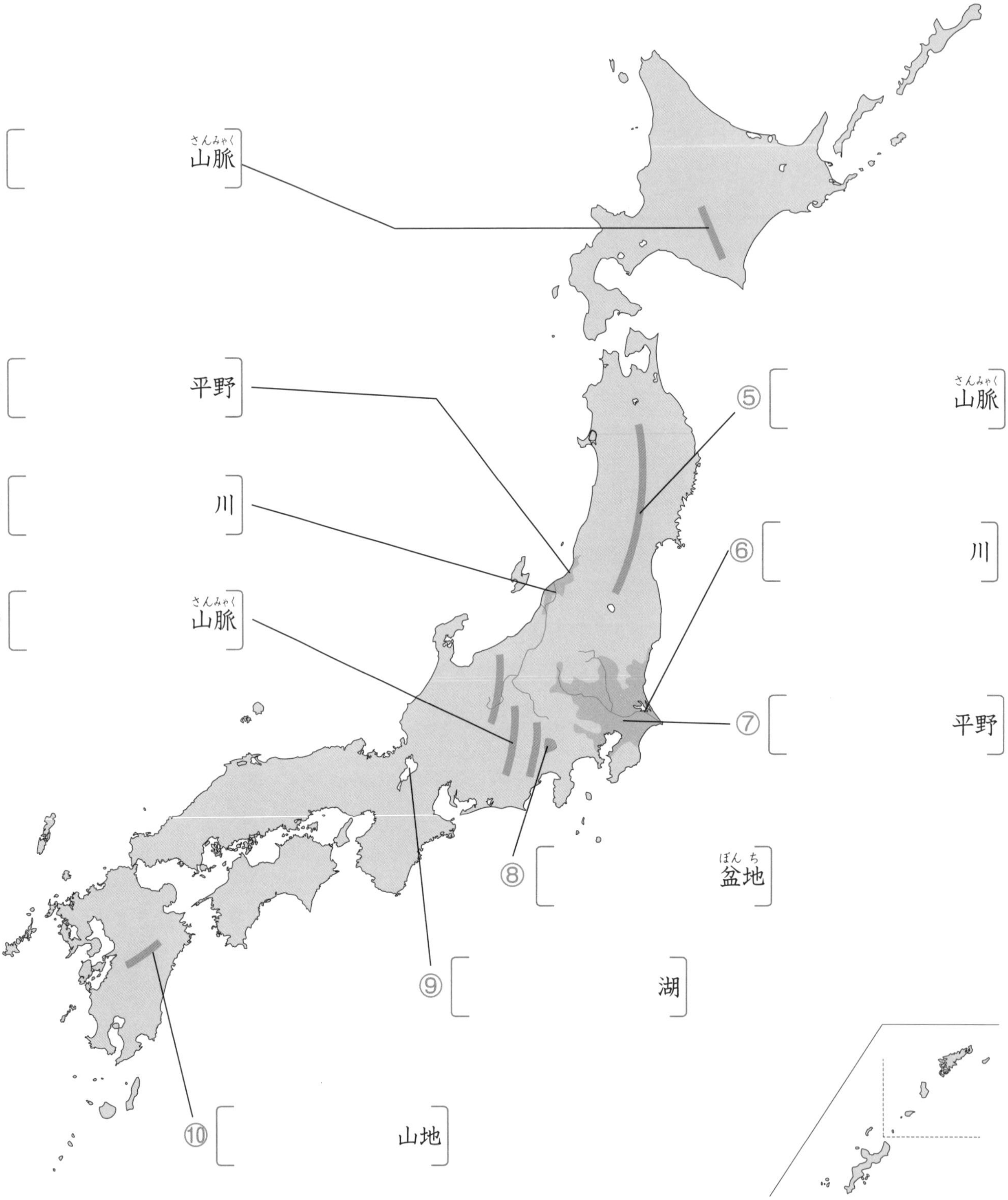

① [　　　　] 山脈《さんみゃく》

② [　　　　] 平野

③ [　　　　] 川

④ [　　　　] 山脈《さんみゃく》

⑤ [　　　　] 山脈《さんみゃく》

⑥ [　　　　] 川

⑦ [　　　　] 平野

⑧ [　　　　] 盆地《ぼんち》

⑨ [　　　　] 湖

⑩ [　　　　] 山地

日高《ひだか》　奥羽《おうう》　木曽《きそ》　九州《きゅうしゅう》　越後《えちご》　関東《かんとう》　甲府《こうふ》　琵琶《びわ》　信濃《しなの》　利根《とね》

なるほど！

日本で一番高い山は富士山《ふじさん》（標高3776m），一番大きな湖は琵琶湖《びわこ》（面積669㎢），一番長い川は信濃川《しなのがわ》（長さ367km）だね。では，２番目は知っているかな。調べてみよう。

低い土地のくらし／高い土地のくらし

1 右の地図を見て，次の問題に答えましょう。

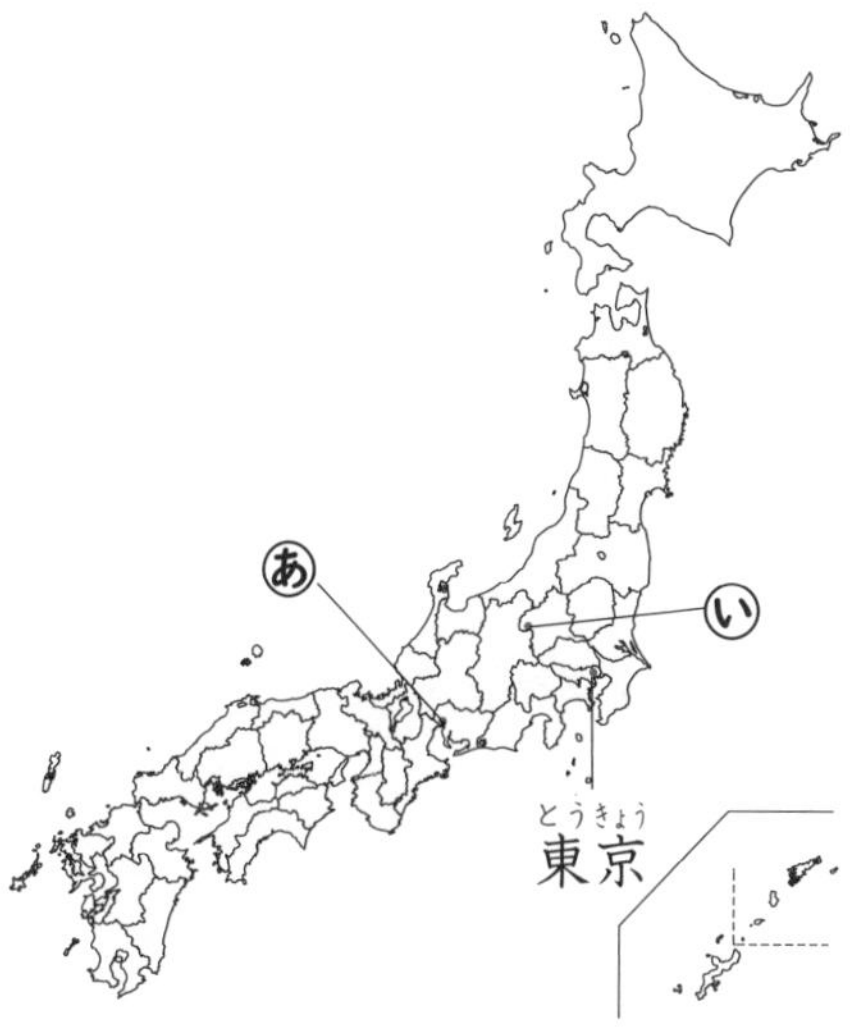

①③④⑤1つ20点，②1つ10点　100点

①次の図は，地図中のⓐの，木曽川《きそがわ》，長良川《ながらがわ》，揖斐川《いびがわ》の下流の土地のようすです。あとの文の［　］のうち，あてはまる言葉を○で囲《かこ》みましょう。

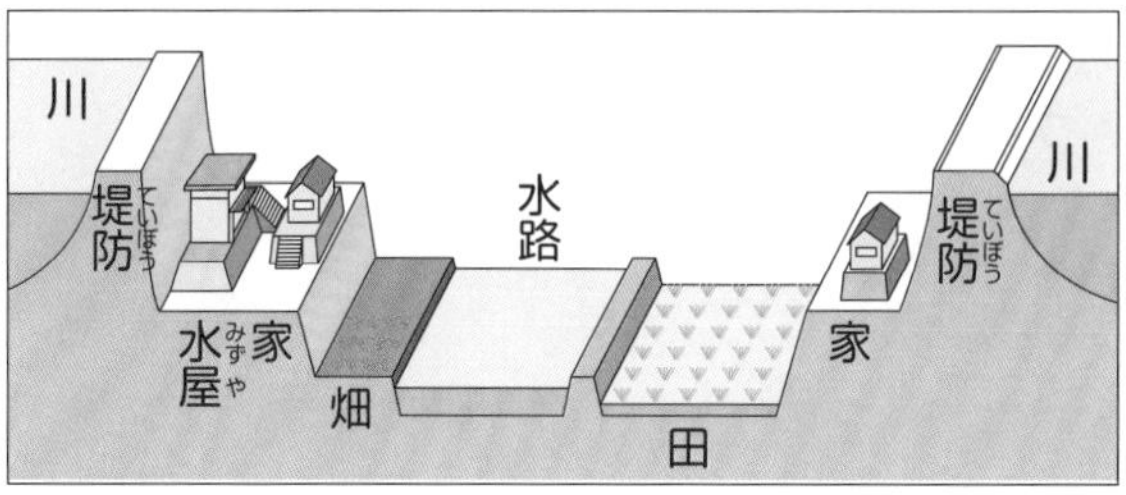

田や畑は，川の水面よりも［　高い　・　低い　］ところにあります。

②右のグラフは，ⓐの土地で起きた大きな水害の発生件数《けんすう》の移《うつ》り変わりを表しています。次の文の㋐・㋑の［　］のうち，あてはまる言葉を○で囲《かこ》みましょう。

この土地では，川の流れや水路などを改良して水害を防《ふせ》ぐ㋐［　かんがい　・　治水　］工事が，1887～1912年に行われたため，1901～1950年の水害の発生件数《けんすう》は，それまでよりも㋑［　減《へ》り　・　増《ふ》え　］ました。

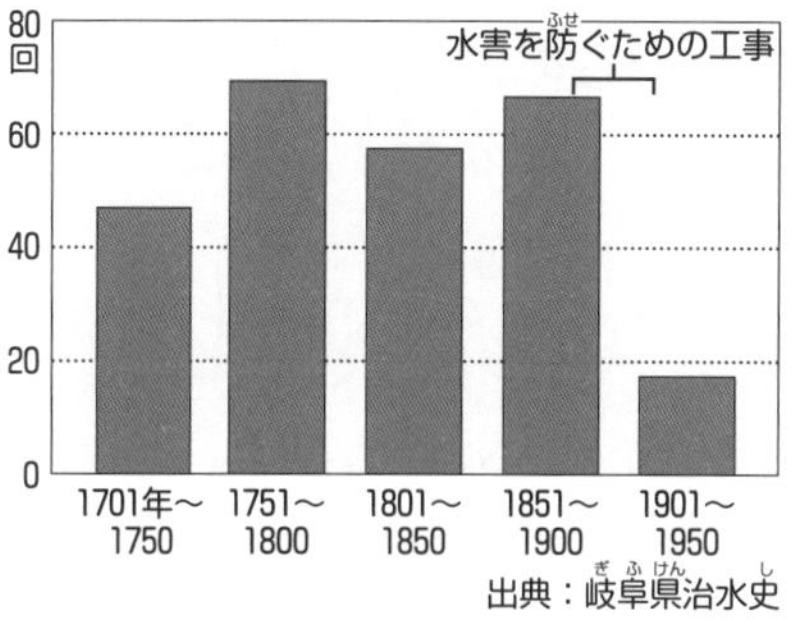

③右のグラフは，地図中のⓘの嬬恋村《つまごいむら》（群馬県《ぐんまけん》）と東京《とうきょう》の月別の気温の変化を表しています。嬬恋村《つまごいむら》の８月の気温は，東京《とうきょう》よりおよそ何度低いですか。下の［　］の中から選んで書きましょう。

３度　６度　９度

［　　］

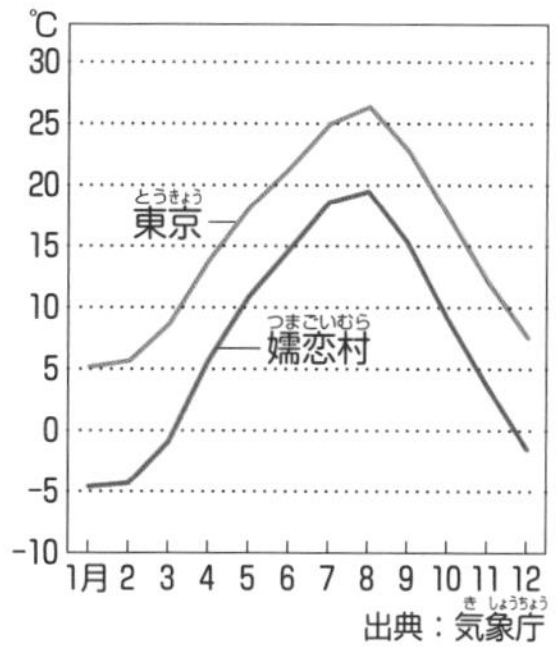

④嬬恋村《つまごいむら》が東京《とうきょう》より気温が低い理由を次の**ア**～**ウ**から選び，記号を書きましょう。

ア　標高が高いから。　**イ**　人口が少ないから。
ウ　森林が少ないから。

［　　］

⑤右の図は，嬬恋村《つまごいむら》のキャベツのさいばいカレンダーです。嬬恋村《つまごいむら》でキャベツが収穫《しゅうかく》されるのは，何月から何月にかけてですか。

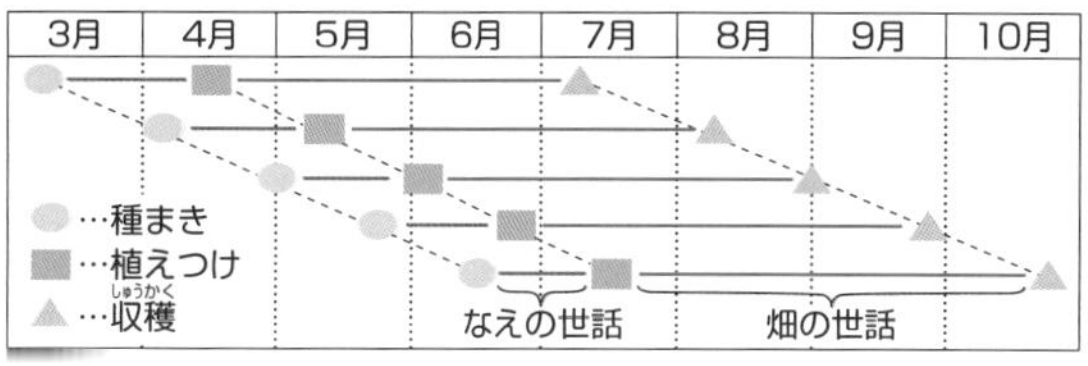

［　　］月から［　　］月にかけて

なるほど！

お店で売られている農産物には，産地が書かれているよ。あなたの家で買った農産物の産地は標高が低い土地かな，高い土地かな。調べてみよう。

社会 4

国土の気候の特色

勉強日　　月　　日

点数　　点

答え▼別さつ14ページ

1 日本の気候について，次の問題に答えましょう。

①1つ15点，②10点，③15点，④1つ10点　100点

①次の文の㋐～㋒にあてはまる言葉を，下の［　］の中からそれぞれ選んで書きましょう。

日本の気候の特色は，春・夏・秋・冬の㋐［　　　　］の変化が見られることです。また，６月から７月ごろにかけての㋑［　　　　］や，夏から秋にかけて，南の海からやってくる㋒［　　　　］のえいきょうで雨が多いことです。

台風　　四季　　つゆ

②右の図のあ・いは，夏・冬のいずれかで，→→は，風の向きを表しています。いの季節はいつですか。［　　］

③右の図の→→の風は，季節によって風向きが反対になります。このような風を何といいますか。［　　　　］

あ

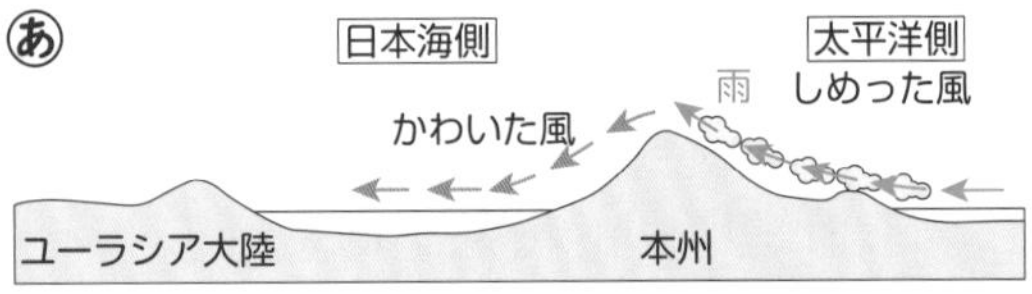

い

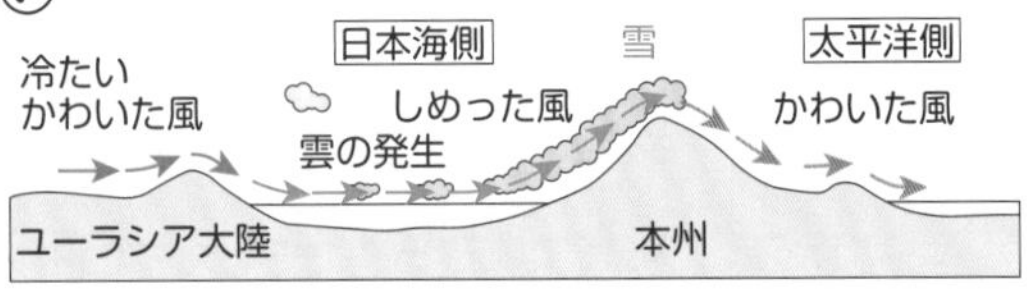

④次の地図の㋐～㋒の都市の気温と降水量《こうすいりょう》を表しているグラフを，右の**ア**～**ウ**からそれぞれ選び，記号を書きましょう。

㋐［　　］冬が長く，寒さがきびしい。

㋑［　　］冬に雪が多くふる。

夏と冬の気温差が大きく，雨が少ない。

夏はむし暑く，冬は雨が少ない。

１年じゅうあたたかく，雨が少ない。

㋒［　　］１年じゅう気温が高く，雨が多い。

ア

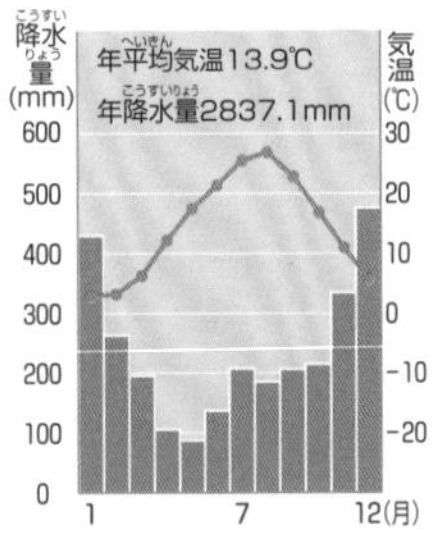

イ

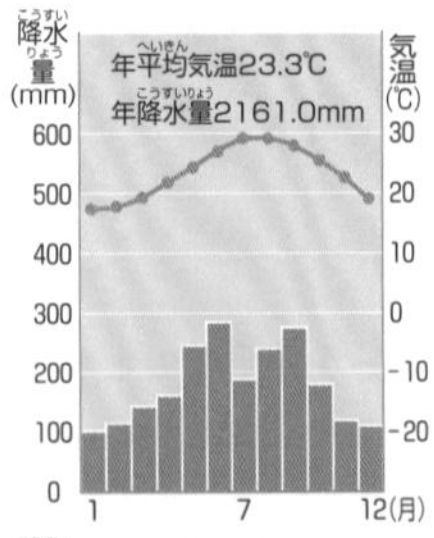

ウ

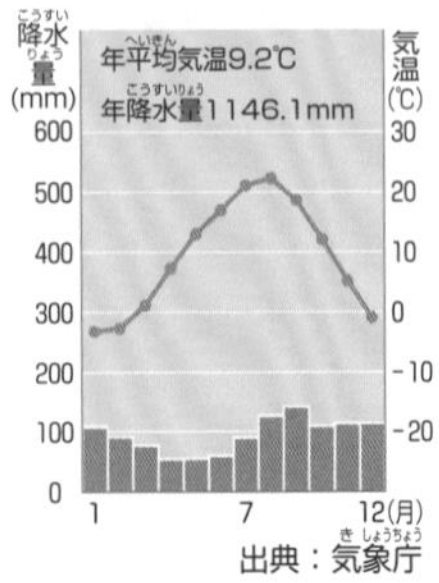

出典：気象庁《きしょうちょう》

なるほど！

あなたが住んでいる市町村の月別の気温と降水量《こうすいりょう》のグラフをつくってみよう。気温と降水量《こうすいりょう》の数値《すうち》は，市町村や気象庁《きしょうちょう》のホームページで見つけよう。気温は折れ線グラフで，降水量《こうすいりょう》はぼうグラフで表すよ。

あたたかい土地のくらし／寒い土地のくらし

点数　　点

勉強日　　月　　日

答え▶別さつ14ページ

1 あたたかい土地に住む人々のくらしについて，次の問題に答えましょう。 1つ10点 50点

①右の図は，沖縄県《おきなわけん》で見られる伝統的《でんとうてき》な家を表しています。次の文の㋐～㋒にあてはまる言葉を，下の［　　］の中からそれぞれ選んで書きましょう。

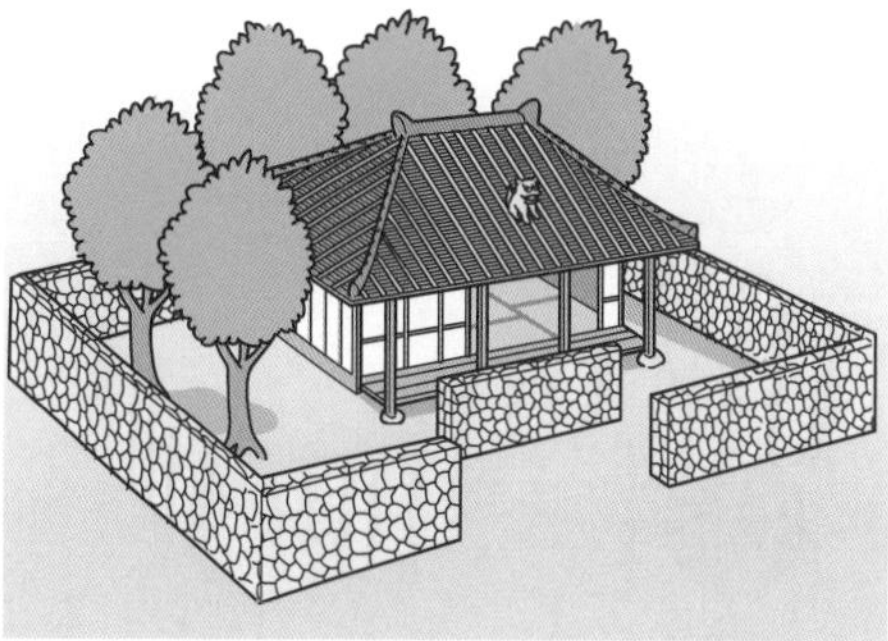

沖縄県《おきなわけん》の伝統的《でんとうてき》な家は，家の周りに木を植えたり，さんごの㋐（　　　　）で囲《かこ》んだり，しっくいで屋根の㋑（　　　　）をぬり固めたりしています。これは，㋒（　　　　）による強い風に備《そな》えたくふうです。

［台風　　石垣《いしがき》　　かわら］

②右の地図中の㋐の地いきでつくられている作物は砂糖《さとう》の原料になります。この作物は何ですか。（　　　　）

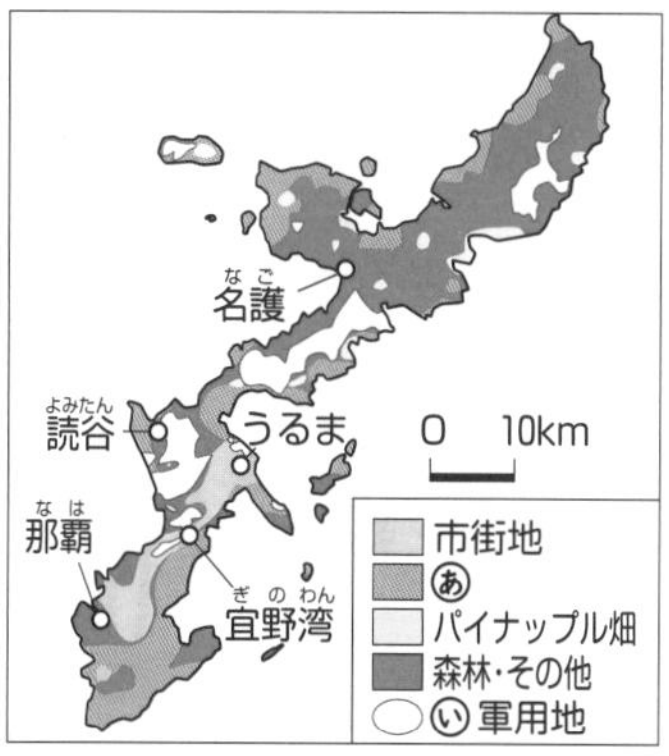

③地図中のいの軍用地を使っている国はどこですか。（　　　　）

2 寒い土地に住む人々のくらしについて，次の問題に答えましょう。 1つ10点 50点

①右の図は，北海道《ほっかいどう》で見られる家を表しています。次の文の㋐～㋒にあてはまる言葉を，下の［　　］の中からそれぞれ選んで書きましょう。

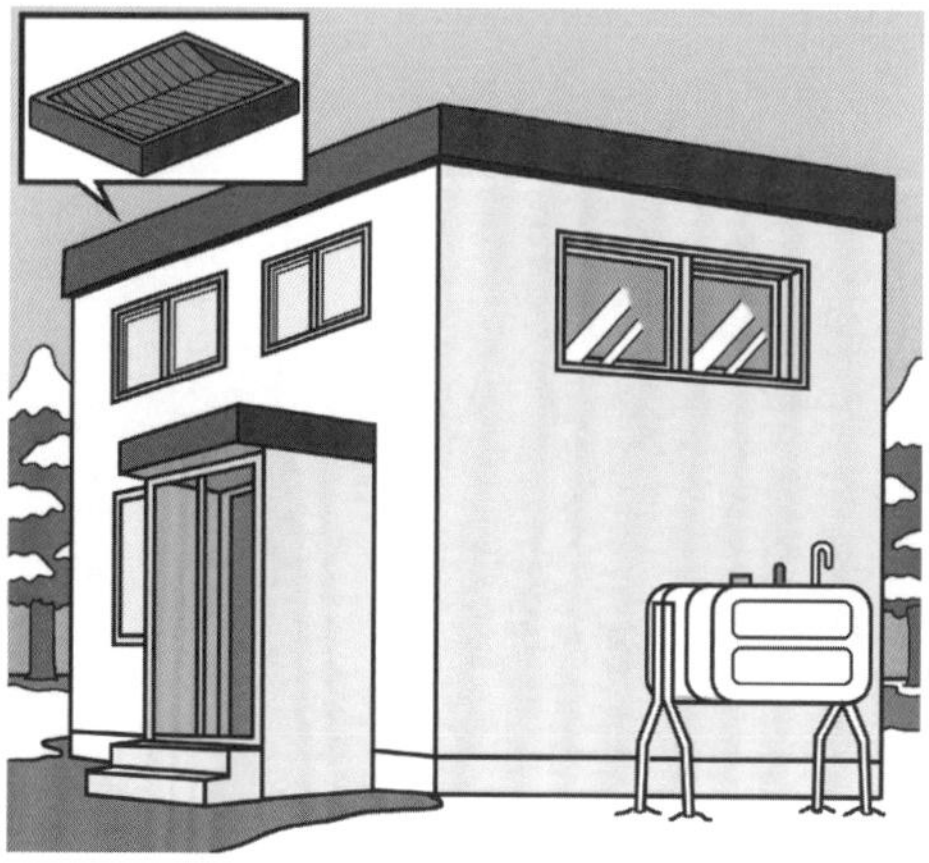

北海道《ほっかいどう》の家は，㋐（　　　　）に雪が積もりにくくしたり，玄関《げんかん》やまどを㋑（　　　　）にしたり，かべに断熱材《だんねつざい》をつめたりするなどして，冬の雪や㋒（　　　　）に備《そな》えています。

［二重　　寒さ　　屋根］

②北海道《ほっかいどう》で全国の生産量の約４分の３がつくられ，ポテトチップスの原料などになる作物は何ですか。（　　　　）

③北海道《ほっかいどう》で昔からくらし，日本の先住民族とみとめられている人々を何とよびますか。（　　　　の人々）

なるほど！ 沖縄《おきなわ》と北海道《ほっかいどう》には独特《どくとく》の言葉があるよ。「ありがとう」という言葉は，沖縄《おきなわ》の方言では「ニフェーデービル」，北海道《ほっかいどう》のアイヌ語では「イヤイライケレ」と言うんだ。

社会

6 くらしを支える食料生産

点数　　点

答え▼別さつ14ページ

勉強日　　月　　日

1 次の地図は，農産物の生産額《がく》が多い上位５位までの都道府県を表しています。①～⑤の農産物は何ですか。下の[　　]の中からそれぞれ選んで書きましょう。　1つ20点　50点

① [　　　　　　]

② [　　　　　　]

③ [　　　　　　]

④ [　　　　　　]

⑤ [　　　　　　]

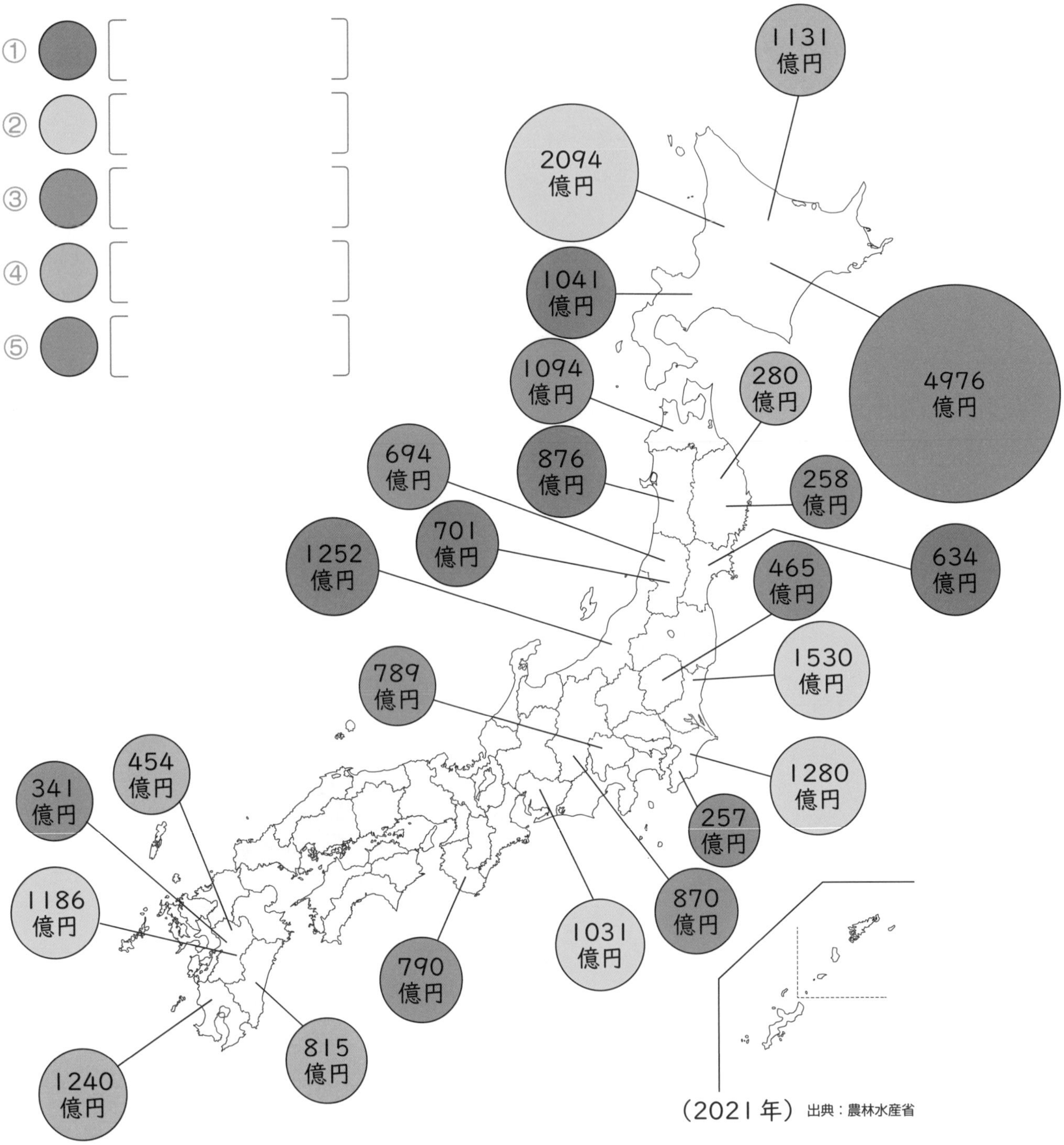

（2021年）出典：農林水産省

果物	米	野菜	乳牛《にゅうぎゅう》	肉牛

なるほど！

あなたの住む都道府県では，どのような農産物が多くつくられているかな。米？じゃがいも？　きゅうり？　みかん？　ぶた？　資料集《しりょうしゅう》や，都道府県，農林水産省のホームページでたしかめてみよう。

1 じこしょうかい

勉強日　　月　　日

点数　　点

答え▼別さつ15ページ

1 色を表す英語をなぞって書きましょう。音声も聞きましょう。　1つ5点　40点

① 赤，赤い　red

② ピンク色(の)　pink

③ 青，青い　blue

④ 緑色(の)　green

⑤ 黒，黒い　black

⑥ 白，白い　white

⑦ 黄色，黄色い　yellow

⑧ むらさき色(の)　purple

2 イラストと英語を線で結びましょう。音声も聞きましょう。　1つ5点　20点

ice cream　　cake　　milk　　hamburger

3 ミキさんのじこしょうかい文の内容《ないよう》に合うように，＿＿＿に入る英語を書きましょう。音声も聞きましょう。　1つ20点　40点

〈じこしょうかい〉
こんにちは。
わたしは加《か》藤《とう》ミキです。
① わたしは青が好きです。
② わたしはチョコレート（chocolate）が好きです。

Hello.
I am Kato Miki.
① I like ＿＿＿＿＿＿ .
② I like ＿＿＿＿＿＿ .

なるほど！ 名字も名前も，最初の１文字は必ず大文字で書くよ。「わたしは」を表す I は，いつも大文字にするよ。My name is ～.「わたしの名前は～です」という言い方もあるよ。

英語

2 月の名前

勉強日　　月　　日

点数

点

答え▼別さつ15ページ

1 月を表す英語を声に出して読みましょう。うすい文字のところはなぞって書きましょう。音声も聞きましょう。

1つ5点　25点

1月

① January

2月

February

3月

② March

4月

April

5月

③ May

6月

④ June

7月

July

8月

August

9月

September

10月

⑤ October

11月

November

12月

December

2 月の名前を順番にならべたとき，＿＿＿に入る英語を書きましょう。音声も聞きましょう。

1つ15点　75点

January → ① ＿＿＿＿ → March

→ ② ＿＿＿＿ → May → June

→ July → ③ ＿＿＿＿ → ④ ＿＿＿＿

→ October → ⑤ ＿＿＿＿ → December

なるほど！

日本の学校では４月に新しい学年が始まるけど，アメリカやイギリスの学校では９月に始まることが多いよ。地いきによっては，夏休みが６～８月の間で２～３か月もあるよ。

3 たんじょう日のたずね方と答え方

勉強日　　月　　日

点数　　点

答え▼別さつ15ページ

1 日づけを表す英語を声に出して読みましょう。うすい文字のところはなぞって書きましょう。音声も聞きましょう。　1つ10点　60点

1日 ① first	2日 ② second	3日 ③ third
4日 fourth	5日 ④ fifth	6日 sixth
7日 seventh	8日 eighth	9日 ⑤ ninth
10日 tenth	11日 eleventh	12日 twelfth
13日 thirteenth	14日 fourteenth	15日 fifteenth
16日 sixteenth	17日 seventeenth	18日 eighteenth
19日 nineteenth	20日 twentieth	21日 twenty-first
22日 twenty-second	23日 twenty-third	24日 twenty-fourth
25日 twenty-fifth	26日 twenty-sixth	27日 twenty-seventh
28日 twenty-eighth	29日 twenty-ninth	30日 ⑥ thirtieth
31日 thirty-first		

2 ①と②の英文をなぞって書きましょう。②は□にあなたのたんじょう日を書いてから，日本文に合う英語を書きましょう。音声も聞きましょう。　①10点　②全部で30点　40点

① あなたのたんじょう日はいつですか。
When is your birthday?

② わたしのたんじょう日は［　　月　　日］です。

My birthday is ［月　　　　］［日　　　　］

なるほど！

「～のたんじょう日はいつですか」と，だれかにたんじょう日をたずねるときは，When is ～'s birthday? と言うよ。「～」には人の名前が入るよ。

例　When is Yuta's birthday?（ユウタのたんじょう日はいつですか。）

4 好きなものやほしいもののたずね方・答え方

勉強日　　月　　日

点数　　点

答え▶別さつ16ページ

1 英文をなぞって書きましょう。音声も聞きましょう。

1つ5点　20点

① あなたは何のスポーツが好きですか。 ── わたしはサッカーが好きです。

What sport do you like? ── I like soccer.

② あなたは何がほしいですか。 ── わたしはぼうしがほしいです。

What do you want? ── I want a cap.

2 スポーツを表す英語を，下の[　　]から選んで書きましょう。音声も聞きましょう。

1つ10点　40点

①

②

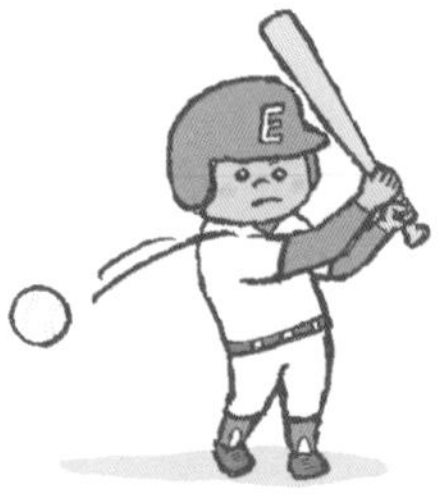

③

④

baseball　basketball　soccer　tennis

3 日本文に合う英文になるように，＿＿に英語を書きましょう。音声も聞きましょう。

1つ10点　40点

① あなたは何のスポーツが好きですか。── わたしはテニスが好きです。

What ＿＿＿＿ do you like? ── I like ＿＿＿＿.

② あなたは何がほしいですか。── わたしはえんぴつがほしいです。

＿＿＿＿ do you want? ── I want a ＿＿＿＿.

なるほど！

What ～ do you like?「あなたは何の[どんな]～が好きですか」の「～」に入る言葉を変えると，いろいろなことをたずねられるよ。例　What fruit do you like?（あなたはどんな果物が好きですか。）ーI like apples.（わたしはリンゴが好きです。）

二学期の先取り

1

次の説明は、方言と共通語のどちらに当たりますか。それぞれ□に書きましょう。（1つ20点）40点

① 住んでいる地方に特有の表現《ひょうげん》をふくんだ言葉づかいのこと。主に、家族や友達などの親しい人や、そこに住む人たちと話すときに使う。かた苦しくない、打ち解《と》けた会話になる。

□

② ちがう地方の人どうしでも言葉が通じ合うように決めた言葉づかい。改《あらた》まった場所で使う。人によっては、かた苦しい印象《いんしょう》を受けることもある。

□

2

次の和語・漢語・外来語についての説明を読んで、あとの問題に答えましょう。

● 和語・漢語・外来語 ●

ア 和語…もとから日本にあった言葉。漢字で書いてあっても、訓で読む言葉は和語。
〈例 わたし・明るい・頭《あたま》・だから(つなぎ言葉)〉

イ 漢語…古くに中国から伝わってきた漢字の音《おん》がもとになっている言葉。
〈例 学校・教科書・空想・肉・象《ぞう》・漢字〉

ウ 外来語…中国以外の外国から入ってきた言葉。ふつう、カタカナで表す。
〈例 スクール・ファンタジー・ニュース〉

① 次の言葉は、前の説明の**ア**～**ウ**のどれに当たりますか。記号で答えましょう。（1つ5点）30点

(あ) 生物《せいぶつ》

(い) 生物《なまもの》

(う) レモン

(え) 愛

(お) ラブ

(か) 好き

□ □ □ □ □ □

② 次の□の中から和語を三つ選んで、あとの□に書きましょう。（1つ10点）30点

旅館　桜《さくら》　和紙

サッカー　やさしい　ホテル

パスタ　電話　箱

□ □ □

なるほど！ 外来語は、英語を由来とするものばかりではないよ。医学用語には、「ガーゼ」「カルテ」「ギプス」など、ドイツ語をもとにする言葉が多いよ。

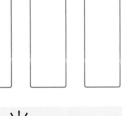

四年生の復習

勉強日　　月　　日

点数　　点

答え▼別さつ24ページ

1

——線の漢字の読みがなを書きましょう。（1つ5点／45点）

① とうろん会で積極的に発言する。〔　　　〕

② 国語辞典で言葉の意味を調べる。〔　　　〕

③ 試験に合格《ごうかく》する。〔　　　〕

④ 「必ず勝つ。」とせん言《げん》する。〔　　　〕

⑤ 栄養をしっかりとる。〔　　　〕

⑥ じっくりと英気を養う。〔　　　〕

⑦ あやまちをみとめ、反省する。〔　　　〕

⑧ できるだけむだを省く。〔　　　〕

⑨ ボランティア活動に参加する。〔　　　〕

2

□に漢字を書きましょう。（1つ5点／55点）

① 雲の□□（かんさつ）を□（つづ）ける。

② □□（なかま）と□□（きょうりょく）する。

③ □□（ざんねん）な□□（けっか）に終わる。

④ □□（けんこう）な体に育つ。

⑤ 町の歴史《れきし》に□（かん）心がある。

⑥ パズルを□（かん）成させる。

⑦ 朝早く目が□（さ）める。

⑧ お茶が□（さ）める。

なるほど！ 漢字に日本の言葉を当てた読み方を訓読みというけど、「訓」の「クン」という読みは音読みなんだよ。

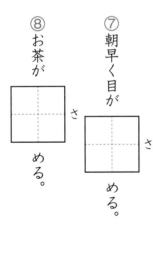

漢字①

～一学期に習った漢字～

Webおかわりもんだい
国語①②をみてね

勉強日　　月　　日

点数　　点

答え▼別さつ24ページ

1

次の漢字を練習しましょう。

全部で20点

応	解	確	破	査	常	備	銅
オウ こた・える	カイ と・く と・かす と・ける	カク たし・か たし・かめる	ハ やぶ・る やぶ・れる	サ	ジョウ つね	ビ そな・える そな・わる	ドウ
応	解	確	破	査	常	備	銅

2

――線の漢字の読みがなを書きましょう。

1つ10点　40点

① 親切な対応を心がける。（　　）

② 現状《げんじょう》を打破する。（　　）

③ おだやかに日常の生活を送る。（　　）

④ 地元の有名人の銅像が建つ。（　　）

3

□に漢字を書きましょう。

1つ10点　40点

① 筆者の考えを□□（りかい）する。

② 目的地を地図で□（たし）かめる。

③ アンケート□□（ちょうさ）を行う。

④ 道路を□□（せいび）する。

なるほど！

「解」は、「刀」で「角」のある「牛」の体を分解することを表した漢字だよ。
「刀」「角」「牛」からできていると覚えておくといいよ。

おかわりもんだい　別さつ24ページ

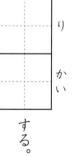

漢字②
〜一学期に習った漢字〜

Webおかわりもんだい 国語①②をみてね

勉強日　　月　　日

点数　　点

答え▼別さつ24ページ

1 次の漢字を練習しましょう。 全部で20点

因	現	構	易	資	質	絶	復
イン	ゲン あらわ・れる あらわ・す	コウ かま・える かま・う	エキ イ やさ・しい	シ	シツ	ゼツ た・える た・やす た・つ	フク
因	現	構	易	資	質	絶	復

2 ――線の漢字の読みがなを書きましょう。 1つ10点 40点

① 安易な解決《かいけつ》は望まない。〔　　〕

② 発表に必要な資料をそろえる。〔　　〕

③ 絶好のチャンスがやってきた。〔　　〕

④ 一学期の復習をする。〔　　〕

3 □に漢字を書きましょう。 1つ10点 40点

① 失敗した□□《げんいん》を考える。

② 太陽がすがたを□《あらわ》す。

③ 作文の□□《こうせい》を考える。

④ 先生に□□《しつもん》する。

なるほど！ 「絶」には、「たえる・やめる・ことわる」などのほかに、「すぐれている」「きわめて」という意味があるよ。「絶好」は、「絶」を「きわめて」という意味で使っている言葉だね。

おかわりもんだい 別さつ24ページ

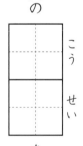

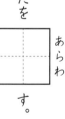

言葉①
～敬語～

Webおかわりもんだい
国語④をみてね

勉強日　　月　　日

点数　　点

答え▶別さつ23ページ

1

次の敬語《けいご》の使い方を読んで、あとの――線の言い方が、尊敬語《そんけいご》、けんじょう語、ていねい語のうちのどれかを答えましょう。

1つ10点　50点

●敬語《けいご》の使い方●
○尊敬語《そんけいご》…相手や話題になっている人の動作を高めることで、敬意《けいい》を表すときに使う。
○けんじょう語…自分や身内の者の動作を低めることで、その動作を受ける人への敬意《けいい》を表すときに使う。
○ていねい語…あまり親しくない人や大勢《おおぜい》の人に対して話したり書いたりするとき、その相手に対するていねいな気持ちを表す意味で使う。

① 明日、うかがうつもりです。
② 明日から夏休みになります。
③ 明日は先生がいらっしゃる日だ。
④ わたしが校内をご案内します。
⑤ お客様がお帰りになりました。

2

次の言葉の尊敬語《そんけいご》とけんじょう語をあとの［　］から選んで、記号で答えましょう。

1つ5点　30点

① 見る　尊敬語《そんけいご》　けんじょう語
② 食べる　尊敬語《そんけいご》　けんじょう語
③ 行く　尊敬語《そんけいご》　けんじょう語

ア いらっしゃる　イ いただく
ウ はい見する　エ めしあがる
オ うかがう　カ ごらんになる

3

次の文を、〈　〉の指示《しじ》にしたがって、敬語《けいご》を使った言い方に書きかえましょう。

1つ10点　20点

① 校長先生が言う。
〈校長先生への敬意《けいい》を表す〉

チャレンジもんだい

② お客様からおみやげをもらう。
〈お客様への敬意《けいい》を表す〉

なるほど！
「表す」は、「現《あらわ》す」との使い分けに注意しよう。「表す」は、表に出す、「現《あらわ》す」は、かくれていたものが見えるようになる、という意味だよ。

5 物語の読み取り①
～場面を読み取ろう～

点数　　点

勉強日　　月　　日

答え▶別さつ23ページ

1 次の文章を読んで、問題に答えましょう。（1つ12点 60点）

春のあたたかい日のこと、わたし舟《ぶね》に二人の小さな子どもを連れた女の旅人が乗りました。舟《ふね》が出ようとすると、

「おうい、ちょっと待ってくれ。」

と、土手の向こうから手をふりながら、さむらいが一人走ってきて、舟《ふね》に飛びこみました。


（新美南吉《にいみなんきち》『あめ玉』より）

① いつの時代の話ですか。
ア 武士《ぶし》がいた昔の時代。
イ わたしたちが生きている現代《げんだい》。
ウ これからおとずれる未来。
［　　］

② 季節はいつですか。漢字一字で書きましょう。
［　　］

③ だれが、どんなことをしている場面がえがかれていますか。
二人の子どもを連れた［　　　　］を乗せて出ようとしていた［　　　　］に、「待ってくれ。」と言って走ってきた一人の［　　　　］が飛びこむ場面。

2 次の文章を読んで、問題に答えましょう。（1つ10点 40点）

「うわあ、なんだ？　これは」

山ねこのシューは、ビルのおくじょうから見下ろして息を飲んだ。

「きれいだなあ。

まるで地面に星空があるみたいだ」

シューは初めて町の夜景を見て、おどろきの声を上げた。

熱帯の草原でほかくされ、運ばれているとちゅう、無《む》我《が》夢中《むちゅう》でにげだし走って走って、気がついたらこのビルのおくじょうにいたというシューにとって、町の夜景は初めて見る世界だった。


（きむらゆういち『ボクは山ねこシュー　はじめまして人間たち』より）

① 山ねこのシューが、どこから何を見ている場面ですか。［　］に入る言葉をぬき出しましょう。
［　　　　　　　］から［　　　　］を見ている場面。

② 山ねこのシューは、町の夜景を何にたとえていますか。二字でぬき出しましょう。
［　　］

③ 山ねこのシューは、もとはどこにいたのですか。
［　　　　　　］

なるほど！　いっぱん的に、小型《こがた》の「ふね」の場合は「舟《ふね》」、大型《おおがた》の「ふね」の場合は「船」と書くことが多いよ。「舟《ふね》」は、中学校で習う漢字だよ。

6 説明文の読み取り①

～話題を読み取ろう～

勉強日　　月　　日

点数　　点

答え▶別さつ23ページ

1 次の文章を読んで、問題に答えましょう。

1つ10点　50点

ひと口にピラミッドといっても、規模《きぼ》や建築《けんちく》材料はさまざまです。大ピラミッドのように、大きな石材を一四七メートルもの高さに積みあげた立派《りっぱ》なピラミッドもあれば、泥《どろ》レンガを積みあげた小規模《しょうきぼ》なものもあります。そしていずれのピラミッドも、古代エジプトがその歴史《れきし》の幕《まく》を閉《と》じてからは、時代にとり残され、粗末《そまつ》なものはくずれさっていったのです。堅固《けんご》なピラミッドだけが、長い時間の流れにたえて、美しいその姿《すがた》を保《たも》つことができたのです。

（吉村作治《よしむらさくじ》『ピラミッドの謎《なぞ》』より）

① この文章の話題は何ですか。

□について。

② 「大ピラミッド」と「小規模《しょうきぼ》なピラミッド」は、それぞれどんな建築《けんちく》材料で作られていたのですか。

大ピラミッド　□

小規模《しょうきぼ》なピラミッド　□

③ 古代エジプトが歴史《れきし》の幕《まく》を閉《と》じてから、ピラミッドはどうなりましたか。□に入る言葉をぬき出しましょう。

□なものはくずれさり、□なものは美しいその姿《すがた》を保《たも》つことができた。

2 次の文章を読んで、問題に答えましょう。

共感能力《のうりょく》とは、人の喜《よろこ》びを自分の喜《よろこ》びのように喜《よろこ》び、人の悲しみを自分の悲しみのように悲しむことができる能力《のうりょく》です。（中略《ちゅうりゃく》）

こんなたぐいまれな共感能力《のうりょく》を持っているのも、人類しかありません。

この共感能力《のうりょく》がゆたかに働くことで、攻撃的《こうげきてき》な本能《ほんのう》が出てくるのをふせいでいるのです。攻撃性《こうげきせい》が顔を出そうとすると、そんなことしたらかわいそうだよ、という共感する力が働きます。あるいは、攻撃性《こうげきせい》に共感を仲間入りさせて、ゲームなどにしてしまいます。ゲームで敵《てき》をたおしてすっきりし、実際《じっさい》には人を攻撃《こうげき》しないようにしているのです。

（汐見稔幸《しおみとしゆき》『友だちともっと仲よく！』より）

① この文章の話題は何ですか。□に入る言葉をぬき出しましょう。　10点

人類しか持っていない□について。

② 共感能力《のうりょく》の働きによって、どんなことをふせいでいるのですか。□に入る言葉をぬき出しましょう。　20点

□が出てくること。

チャレンジもんだい

③ 攻撃性《こうげきせい》に共感を仲間入りさせることで、どうすることができるのですか。　20点

実際《じっさい》には人を□こと。

なるほど！

「積」は、「績《せき》」と形が似《に》ていて、音読みも同じなので注意しよう。「積」は「面積」「積極的」、「績《せき》」は「成績《せいせき》」「実績《じっせき》」などの言葉があるよ。

7 漢字③
～一学期に習った漢字～

Webおかわりもんだい
国語①②をみてね

勉強日　　月　　日

点数　　点

答え▼別さつ22ページ

1 次の漢字を練習しましょう。（全部で20点）

往	刊	告	識	志	序	情	適
オウ	カン	コク つ-げる	シキ	シ こころざ-す こころざし	ジョ	ジョウ なさ-け	テキ
往	刊	告	識	志	序	情	適

2 ――線の漢字の読みがなを書きましょう。（1つ10点　40点）

① 新刊の本を買う。〔　　〕

② 新聞に広告を出す。〔　　〕

③ 知識を身に付ける。〔　　〕

④ 音楽に情熱を燃《も》やす。〔　　〕

3 □に漢字を書きましょう。（1つ10点　40点）

① 学校まで□《おう》□《ふく》で三十分かかる。

② 医師《いし》を□《こころざ》す。

③ □《じゅん》□《じょ》よくならぶ。

④ 健康には□《てき》□《ど》な運動が大切だ。

なるほど！

新聞では、「いつ（When）」「どこ（Where）」「だれ（Who）」「なに（What）」「なぜ（Why）」「どのように（How）」が大切な要素《ようそ》とされ、英語の頭文字《かしらもじ》をとって「5W1H」と言われているよ。

おかわりもんだい　別さつ22ページ

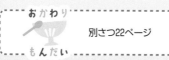

漢字④
～一学期に習った漢字～

Webおかわりもんだい 国語①②をみてね

勉強日　　月　　日

点数　　点

答え▼別さつ22ページ

1 次の漢字を練習しましょう。（全部で20点）

限	句	象	術	接	編	報	容
ゲン かぎ-る	ク	ショウ ゾウ	ジュツ	セツ	ヘン あ-む	ホウ	ヨウ
限	句	象	術	接	編	報	容

2 ――線の漢字の読みがなを書きましょう。（1つ10点　40点）

① よい印象を持つ。〔　　〕

② 絵画などの芸術に興味《きょうみ》がある。〔　　〕

③ 直接会って話す。〔　　〕

④ パンフレットを編集する。〔　　〕

3 □に漢字を書きましょう。（1つ10点　40点）

① 参加する人数を□《かぎ》る。

② □□《ごく》の意味を辞書で調べる。

③ 役立つ□□《じょうほう》を集める。

④ 研究の□□《ないよう》をまとめる。

なるほど！
「絵」には、「カイ」と「エ」という読み方があるけれど、「エ」の読みは、訓読みではなく、音読みだよ。覚えておこう。

おかわりもんだい 別さつ22ページ

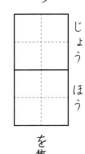

言葉②
～熟語の意味～

Webおかわりもんだい 国語④をみてね

勉強日　月　日

点数　点

答え▶別さつ22ページ

1 次の熟語《じゅくご》の成り立ち（構成《こうせい》）についての説明を読んで、あとの問題に答えましょう。 1つ5点 80点

●漢字二字の熟語《じゅくご》の成り立ち（構成《こうせい》）●

ア 意味が対《つい》になる漢字の組み合わせ。〈例 明暗〉

イ 似《に》た意味の漢字の組み合わせ。〈例 絵画〉

ウ 上の漢字が下の漢字を修飾《しゅうしょく》する関係にある組み合わせ。〈例 最良（最も良い）〉

エ 「～を」「～に」に当たる意味の漢字が下に来る組み合わせ。〈例 登山（山に登る）〉

① 次の熟語《じゅくご》の成り立ち（構成《こうせい》）は、右の説明の**ア**～**エ**のどれですか。記号で答えましょう。

あ 車道 □
い 往復《おうふく》 □
う 消火 □
え 天地 □
お 岩石 □
か 冷水 □
き 衣服 □
く 着席 □

② 次の熟語《じゅくご》と、その成り立ち（構成《こうせい》）が同じ熟語《じゅくご》を、あとの［　］から二つずつ選んで、記号で答えましょう。

あ 永久《えいきゅう》 □ □
い 帰国 □ □
う 苦楽《くらく》 □ □
え 新人 □ □

ア 寒冷　**イ** 読書
ウ 深海　**エ** 前後
オ 道路　**カ** 勝敗
キ 熱湯　**ク** 加熱

2 次の熟語《じゅくご》の意味を、その成り立ち（構成《こうせい》）に注目して答えましょう。 1つ10点 20点

〈例〉登山　山に登ること。

① 乗馬

② 親友

なるほど！ 二字の熟語《じゅくご》の中には、「特急（特別急行）」「入試（入学試験）」のように、長い熟語《じゅくご》を省略《しょうりゃく》してできたものもあるよ。

物語の読み取り②
～人物の様子を読み取ろう～

勉強日　　月　　日

点数　　点

答え▶別さつ21ページ

1 次の文章を読んで、問題に答えましょう。 1つ20点 60点

やがてのこと、つよしは捕虫網《ほちゅうあみ》を持ち直すと、ゆっくりと階段《かいだん》をおりはじめた。美登里《みどり》がそれにしたがい、健《けん》太郎《たろう》がいちばん最後に玄関《げんかん》を出た。

表にでると、三人は、もういちど屋敷《やしき》を振《ふ》り返《かえ》った。玄関《げんかん》の上の二階の窓《まど》が、ぼうっと赤くなった。それを見ても、もう、まったく怖《こわ》くなかった。

「じゃあ、さっきの泣き声はなんだったのかしら」

ふと、美登里《みどり》が首をかしげる。

「あれは、壊《こわ》れた雨どいが風でゆれてる音じゃないの。それとも木がこすれる音かな」

これまたつよしがこともなげに答えた。

（那須正幹《なすまさもと》『へんてこりんでステキなあいつ』より）

① 表にでた三人は、どんな様子でしたか。屋敷《やしき》を振《ふ》り返《かえ》って、窓《まど》がぼうっと赤くなるのを見たが、

もう、まったく［　　　　　　］。

② 「泣き声はなんだったのかしら」と言ったとき、美登里《みどり》はどんな様子でしたか。

不思議に思って、［　　　　　］た。

③ 「こともなげに答えた」つよしは、どんな様子だったと考えられますか。記号で答えましょう。

ア 何の音かがわからなくてこわがる様子。

イ 美登里《みどり》をはげまそうとして必死な様子。

ウ なんでもないことだと思って平気な様子。

［　　］

2 次の文章を読んで、問題に答えましょう。 1つ20点 40点

「いくぞ、速夫《はやお》」

父ちゃんは、ぼくの肩《かた》を、わしづかみにしてゆさぶった。「コンドル」※にのると、父ちゃんは、イルミーネーションの灯《ひ》をつけた。

「かっこいい」

ぼくは、助手席ではねあがった。

いつのまにか、車は東名《とうめい》高速道にはいった。

「寝《ね》たければ寝《ね》ろよ」

「ううん」

ぼくは、強く首をふった。

※コンドル…父ちゃんのトラックの名前。

（浜野卓也《はまのたくや》『土曜日　ぼくのハイウェイ』より）

① 「いくぞ、速夫《はやお》」と言ったときの父ちゃんの様子を次から選んで、記号で答えましょう。

ア さあ出発だ、と張《は》り切っている様子。

イ もう出発だ、とがっかりしている様子。

ウ ようやく出発だ、と安心している様子。

［　　］

チャレンジもんだい

② 「助手席ではねあがった」ときの「ぼく」は、どんな気持ちでしたか。考えて書きましょう。

コンドルがかっこよくて、［　　　　　　］気持ち。

なるほど！

「階」の「阝」の部分を「こざとへん」というよ。「都」などの漢字の右側にある「阝（おおざと）」とまちがえないようにしよう。

説明文の読み取り②

～説明の内容を読み取ろう～

勉強日　　月　　日

点数　　点

答え▶別さつ21ページ

1 次の文章を読んで、問題に答えましょう。 1つ15点 60点

日常語《にちじょうご》としてよく使う「天気」ということばは、晴れか曇《くも》りか雨かという観点から見た空模様《そらもよう》をさし、「いい天気になる」「どんよりとしてはっきりしない天気」などと使います。「あした天気になあれ」のように、それだけで「晴れ」を意味する用法もあります。一方、「天候」のほうは、「天候不順」「天候に恵《めぐ》まれる」などとして使われ、晴雨のほか気温や湿度《しつど》や風の状態《じょうたい》などを含《ふく》む総合的《そうごうてき》な状《じょう》態《たい》をさします。つまり、「天気」であっても、蒸《む》し暑《あつ》かったり冷たい風が吹《ふ》き荒《あ》れたりすれば、「いい天候」とは言えないわけです。

（中村《なかむら》明《あきら》『日本語のニュアンス練習帳』より）

① 「天気」ということばと、「天候」ということばには、どんなちがいがありますか。

「天気」は、晴れか曇《くも》りか雨かという観点から見た［　　　］をさし、それだけで「［　　］」を意味する用法もあることば。

「天候」は、気温や湿度《しつど》や風の状態《じょうたい》などを含《ふく》む［　　　　　　］をさすことば。

② 「天気」は、次のどちらの意味で使われていますか。［　］

ア 空模様《そらもよう》という意味。

イ 「晴れ」という意味。

2 次の文章を読んで、問題に答えましょう。 1つ10点 40点

「哲学《てつがく》」という言葉は、それ以前にはなかった新しい日本語です。ヨーロッパから輸入《ゆにゅう》した、新しい学問の呼《よ》び名《な》であります。生まれてからこんにちまで百年ばかり、おもに大学で使われてきました。ですから、国民一般《いっぱん》には馴染《なじ》みの薄《うす》い言葉となって、いまだに普及《ふきゅう》しきれていないうらみがあります。しかし、これからは、小中学生から馴染《なじ》む言葉になることでしょう。

注意していただきたいのは、ここでいう「哲学《てつがく》する」とは、「哲学《てつがく》の歴史《れきし》」を学ぶことよりも、「人生について学び考える」という意味のほうが強いということです。

（小島俊明《こじまとしはる》『ひとりで、考える――哲学《てつがく》する習慣《しゅうかん》を』より）

① 「哲学《てつがく》」とは、どんな言葉なのですか。

［　　　　］から輸入《ゆにゅう》した、［　　　　］の呼《よ》び名《な》。

② 「哲学《てつがく》」が、国民一般《いっぱん》には馴染《なじ》みの薄《うす》い言葉であることを、筆者はどう思っていますか。［　］

ア 喜《よろこ》ばしいことだと思っている。

イ 残念に思っている。

ウ 当然だと思っている。

チャレンジもんだい

③ 筆者が、「哲学《てつがく》する」と言うとき、どのような意味のほうが強いと言っていますか。

「［　　　　　　　　］」という意味。

なるほど！

「時間」と「時こく」も意味が似《に》ているね。ちがうのは、「時こく」が、時の一点を指しているのに対して、「時間」は、時こくと時こくの間の時の流れを指しているところだよ。

漢字⑤
～漢字の成り立ち～

Webおかわりもんだい
国語③をみてね

勉強日　　月　　日

点数　　点

答え▼別さつ21ページ

1 次の漢字の成り立ちについての説明を読んで、あとの問題に答えましょう。 1つ5点 60点

●漢字の成り立ち●

ア 象形文字《しょうけい》…目に見える物の形をかたどったもの。
〈例 ↓山〈山の形をかたどった〉〉

イ 指事文字《しじ》…目に見えない事がらを、印や記号などで表したもの。
〈例 ニ↓上〈基準《きじゅん》となる長い横線の上に短い横線を付けた〉〉

ウ 会意文字《かいい》…漢字の意味を組み合わせてできたもの。

エ 形声文字《けいせい》…音《おん》を表す部分と意味を表す部分を組み合わせてできたもの。
〈例 鳴〈「鳥」と「口」で、鳥が「鳴」く〉〉
〈例 粉〈「分」が音《おん》を、「米」が意味を表している〉〉

① 次の漢字の成り立ちは、右の説明の**ア**～**エ**のどれですか。記号で答えましょう。

あ 魚　□
う 板　□
お 岩　□
き 花　□
い 下　□
え 三　□
か 目　□
く 明　□

② 次の漢字とその成り立ちが同じ漢字をあとの□から選びましょう。

あ 月　□
い 本　□
う 積　□
え 林　□

固　馬　末　信

2 次の漢字を、音《おん》を表す部分と、意味を表す部分に分けて書きましょう。 1つ4点 40点

① 持　(音《おん》)□　(意味)□
② 清　(音《おん》)□　(意味)□
③ 管　(音《おん》)□　(意味)□
④ 想　(音《おん》)□　(意味)□
⑤ 帳　(音《おん》)□　(意味)□

なるほど！
漢字は中国から入ってきたけれど、その後、日本で作られた漢字もあるよ。
「畑」「働」などがそうだよ。

言葉のきまり

～つなぎ言葉の使い方～

Webおかわりもんだい 国語⑤をみてね

勉強日　　月　　日

点数　　点

答え▼別さつ20ページ

1 ――線のつなぎ言葉は、どんなはたらきをしていますか。あとの［　］から選んで、記号で答えましょう。　1つ5点　20点

① 今朝《けさ》は寒かった。だから、セーターを二まいも着た。　□

② 今朝《けさ》は寒かった。そのうえ、雨もふっていた。　□

③ 今朝《けさ》は寒かった。けれども、日中はあたたかくなった。　□

④ 今朝《けさ》は寒かった。ところで、集合は何時ですか。　□

ア　前の文から予想されることをあとの文で続ける。
イ　前の文から予想されることと反対のことをあとの文で続ける。
ウ　前のことに、あとのことを付け加える。
エ　話題を変える。

2 次の文のつなぎ言葉に――線を引きましょう。　1つ10点　30点

① 公園で遊ぼうか、それとも、土手へ行こうか。

② 夜が長いということは、つまり、昼間が短いということだ。

③ そろそろ帰ろうよ、なぜなら、もうすっかり日がくれてしまったから。

3 次の文の□に当てはまるつなぎ言葉を、あとの［　］から選んで書きましょう。　1つ5点　20点

① 今日はつかれた□、早くねよう。

② がんばっ□、それはできない。

③ 早く出発した□、まだ駅に着かない。

④ 旅行するなら□、夏がよい。

のに　ので　ば　ても

4 次の文を――線のところで切り、つなぎ言葉を使って二つの文にしましょう。　1つ10点　30点

① おなかが減《へ》ったが、がまんした。

［　　　　　　　　　　］

② 道路が車で混《こ》んでいたので、おくれてしまった。

［　　　　　　　　　　］

③ 日曜日には、プールに行きたいし、公園にも行きたい。

［　　　　　　　　　　］

なるほど！

「今朝《けさ》」は、二字以上の漢字が結びついて、特別な読み方をする言葉だよ。ほかに、「今日《きょう》」「昨日《きのう》」「今年《ことし》」「一日《ついたち》」などもあるよ。

物語の読み取り③

～気持ちを読み取ろう～

勉強日　　月　　日

点数　　点

答え▼別さつ20ページ

1 次の文章を読んで、問題に答えましょう。

1つ20点　60点

さむらいは舟《ふね》の真ん中にどっかりすわっていました。ぽかぽかあたたかいので、そのうちにいねむりを始めました。

黒いひげを生やして強そうなさむらいが、こっくりこっくりするので、子どもたちはおかしくて、ふふふと笑いました。

お母さんは口に指を当てて、

「だまっておいで。」

と言いました。さむらいがおこっては大変だからです。

（新美南吉《にいみなんきち》『あめ玉』より）

① いねむりを始めたとき、さむらいはどんな状態《じょうたい》だったと思われますか。

くて気持ちがいい。

② いねむりを始めたさむらいを見て、子どもたちはどう思いましたか。記号で答えましょう。

ア ねていても強そうだ。

イ 様子がおもしろい。

ウ なんとなくこわい。

③ お母さんが「だまっておいで。」と言ったのは、どういう気持ちからですか。

という気持ち。

2 次の文章を読んで、問題に答えましょう。

1つ20点　40点

「だめだ。できない。」

かおるはつぶやき、ゆかに落ちた三つのジャグリング用のボールを見つめた。大道芸人のジャグリングの見事なわざに感動したかおるは、ねだってジャグリング用のボールを買ってもらった。すぐにできるようになると思ったのに、いくら練習しても全然できるようにならない。情《なさ》けなさがつのってきた。そのとき、後ろから「ちょっと貸《か》してごらん。」という声がした。

ふり向くとおばあちゃんが立っていた。ボールを拾い上げたおばあちゃんは、

「子どものころはお手玉名人と言われたものさ。」

と言ってボールを次々に放り上げ、自在《じざい》にあやつってみせた。かおるは思わず目を丸くした。

① 「ゆかに落ちた三つのジャグリング用のボールを見つめた」とありますが、このときかおるは、自分のことをどう感じていますか。

いくら練習してもできるようにならないことから、

。

② 「目を丸くした」ときのかおるの気持ちを一つ選んで、記号で答えましょう。

ア おばあちゃんの勝手な行動に腹《はら》を立てる気持ち。

イ おばあちゃんの見事なうで前におどろく気持ち。

ウ おばあちゃんのあざやかな手なみをねたむ気持ち。

なるほど！

「生」には、「生やす」のほかにも訓読みがたくさんあるよ。「い・きる」「う・まれる」「なま」などのほかにも、「お・う」「き」を中学校で習うよ。

国語

15 説明文の読み取り③

～事実と意見を読み分けよう～

勉強日　　月　　日

点数

点

答え▼別さつ20ページ

1 次の文章を読んで、問題に答えましょう。

1つ10点　40点

日本のことわざに、「ちりも積もれば山となる」というものがあります。ちりでもたくさん積もれば山となるように、わずかな物であっても、積もり積もれば大きくなることをたとえたものです。そして、同じような意味の言い回しは西洋《せいよう》にもあります。このことから、こつこつと積み重ねることを大事にしようとする考えは、世界共通のものだと思われます。

① どのような事実が述《の》べられていますか。

「ちりも積もれば山となる」という（　　　　）と同じような意味の言い回しが（　　）にもあること。

② ①の事実をふまえて、どんな意見が述《の》べられていますか。

（　　　　）ことを大事にしようとする考えは、（　　　　）だ。

2 次の文章を読んで、問題に答えましょう。

1つ15点　60点

生物は海の中に発生しましたが、四億年前には脊椎《せきつい》動物が上陸したとされます。その頃《ころ》に、クモも現《あらわ》れてきたといわれています。このように、㋐クモは極《きわ》めて長い進化の歴史《れきし》を持っているのです。ところが、人類はたった四〇〇万年の進化の歴史《れきし》を持っているにすぎません。

人類と比《くら》べてはるかに長い進化の歴史《れきし》を持つクモは、その進化の過程《かてい》で厳《きび》しい自然環境《かんきょう》の中を死と直面しながら、糸を通じて生きのびるためのクモ独特《どくとく》のしくみを作り上げてきたものと思われます。㋑どのような種類のクモがいるのかを調べるとともに、クモの不思議なしくみと糸の性質《せいしつ》を調べてみることは非常《ひじょう》に興味深《きょうみぶか》いものです。

（大崎茂芳《おおさきしげよし》『クモの糸の秘密《ひみつ》』より）

① ㋐「クモは……いるのです」と㋑「どのような……ものです」は、それぞれ、**ア**事実、**イ**意見のどちらを述《の》べたものですか。記号で答えましょう。

㋐（　）　㋑（　）

② クモは、何年前に現《あらわ》れてきたといわれていますか。

（　　　　）年前。

チャレンジもんだい

③ 筆者は、クモが糸を通じて生きのびるために何を作り上げてきたと述《の》べていますか。

（　　　　）を作り上げてきた。

なるほど！

「こつこつ」は、かたいものをくり返したたくときの音を表したり、地道に努力を重ねる様子を表したりするよ。

言葉③ ～ことわざ・慣用句～

Webおかわりもんだい 国語④をみてね

勉強日　月　日

点数　点

答え▼別さつ19ページ

1

次の□に生き物を表す言葉をひらがなで書き入れてことわざを完成させ、その意味をあとの□から選んで、下の□に記号で答えましょう。（1つ5点　30点）

① □も木から落ちる　□

② あぶ□取らず　□

③ □に小判《こばん》　□

ア　ねうちを知らない人には役に立たない。
イ　名人であっても失敗することはある。
ウ　あれもこれもとよく張《ば》るとどれも失敗する。

2

次の意味を表すことわざをあとの□から選んで、記号で答えましょう。（1つ6点　18点）

① 用心のうえにも用心を重ねて事を行う。　□

② 身近なことは、かえってわかりにくいものだ。　□

③ 思いがけず幸運を手にすること。　□

ア　灯台もと暗し
イ　たなからぼたもち
ウ　石橋をたたいてわたる

3

次の□に当てはまる言葉を下の□から選んで書き入れて慣用《かんよう》句を完成させ、その意味をあとの□から選んで、□に記号で答えましょう。（1つ4点　24点）

① かたを□　□

② 目を□　□

③ 舌《した》を□　□

にごす　まく　ぬすむ　持つ

ア　非常《ひじょう》に感心する。
イ　味方をする。
ウ　見つからないように、こっそり行う。

4

次の□に当てはまる慣用《かんよう》句をあとの□から選んで、下の□に記号で答えましょう。（1つ7点　28点）

① 小林さんは、何でも話せる□友達だ。　□

② 「集合時間は午前九時だったよね。」と何度も□。　□

③ 心からあやまってくれたので、この間のことは□ことにした。　□

④ かれは□から、話をするときには注意したほうがいいよ。　□

ア　水に流す　イ　口が軽い
ウ　気が置けない　エ　念をおす

なるほど！
「情《なさ》けは人のためならず」ということわざは、人に親切にすればめぐりめぐって自分にもいいことがある、という意味だよ。

おかわりもんだい　別さつ19ページ

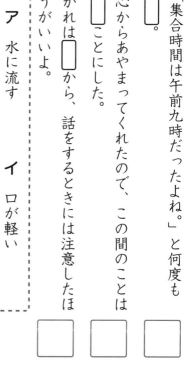

作文①
～意見と理由を整理しよう～

Webおかわりもんだい
国語⑥をみてね

勉強日　　月　　日

点数　　点

答え▼別さつ19ページ

1 次の意見文を読んで、問題に答えましょう。

わたしは、「遠くの人に連《れん》らくするときには、メールよりも手書きの手紙のほうがよい。」という意見に賛成《さんせい》です。賛成《さんせい》する理由は、次の通りです。

[A]、手書きの手紙は、書かれた文字から、書いた人のその人らしさが伝わってくるからです。たとえば、遠くに引っこした友だちから受け取ると、いっしょに遊んだり勉強したりしていたころのことを思い出して、なつかしくてうれしくなります。メールの文字を見ても、このような気持ちになりません。

[B]、手書きの手紙は、真心がこもっている感じがするからです。メールだと、同じ文章のものをわたし以外のさまざまな人にも送ることができます。でも、手書きの手紙は、わたしのためだけに書かれたものです。ですから、書いた人のわたしへの気持ちがこもっていると感じるのです。

[C]、手書きの手紙は、書きまちがえることが少ないからです。手で書くときには、まちがった文字を書かないように気をつけて書きます。でも、メールは指で入力するだけなので、まちがいに気づきにくいです。

特に、漢字を入力するときに、変《へん》かんのミスをしたままで、気づかずに送信してしまうことがあります。

だから、[　あ　]

---

① [　]A～Cに当てはまる言葉を、[　]から選んで、記号で答えましょう。　1つ10点　30点

A [　]　B [　]　C [　]

ア 次に　イ なぜなら　ウ まず
エ しかし　オ それから　カ さて

チャレンジもんだい

② 「遠くの人に連《れん》らくするときには、メールよりも手書きの手紙のほうがよい。」という意見に賛成《さんせい》する理由として書かれていることを三つ書きましょう。　1つ15点　45点

[　]
[　]
[　]

③ 意見文の最後の[あ]に当てはまる、意見をまとめる文を書きましょう。　25点

[　]

なるほど！
「遠」「連」「通」「遊」「送」「選」の「⻌」は、「しんにょう・しんにゅう」というよ。「歩く、ゆく」という意味を持っているよ。

物語の読み取り④

～人物像を読み取ろう～

勉強日　　月　　日

点数　　点

答え▼別さつ19ページ

1 次の文章を読んで、問題に答えましょう。

1つ10点　40点

夕飯の時、高校一年で長女の萌《もえ》が口をとがらせてかあちゃんに文句《もんく》をいった。萌《もえ》は、我《わ》が家《や》で一番頭がいい。もしかすると、顔もいいかもしれない。よく、男友だちから電話がかかってくるし、店にもわざわざ、そばを食べにくるやつがいる。

萌《もえ》は、携帯《けいたい》を持たない。

「あんなもん、料金が高いばっかしで、あたしゃ、好きじゃないね」

萌《もえ》は、チョーのつくドケチで、口ぐせは、〝あたしゃ〟だ。

これは、近所に住んでいるかあちゃんのおかあさん、つまり、ばあちゃんの口ぐせでもある。

おれは、萌《もえ》の家での姿《すがた》を見ているから、どうして萌《もえ》がもてるのか、わからない。

（上條《かみじょう》さなえ『天丼《てんどん》一丁、こころ一丁』より）

① 「おれ」は、萌《もえ》をどんな人物だと思っていますか。

我《わ》が家《や》で［　　　　］。

もしかすると、［　　　　］かもしれない。

チョーのつく［　　　　］。

② 萌《もえ》の口ぐせは、だれの口ぐせと同じですか。五字でぬき出しましょう。

［　］［　］［　］［　］［　］

2 次の文章を読んで、問題に答えましょう。

1つ20点　60点

二人の若《わか》い紳士《しんし》が、すっかりイギリスの兵隊のかたちをして、ぴかぴかする鉄砲《てっぽう》をかついで、白熊のような犬を二匹《ひき》つれて、だいぶ山奥《やまおく》の、木の葉のかさかさしたとこを、こんなことを言いながら、歩いておりました。

「ぜんたい、ここらの山はけしからんね。鳥も獣《けもの》も一匹《ぴき》もいやがらん。なんでも構《かま》わないから、早くタンタアーンと、やってみたいもんだなあ。」

「鹿の黄いろな横《よこ》っ腹《ぱら》なんぞに、二三発お見舞《みま》いもうしたら、ずいぶん痛快《つうかい》だろうねえ。くるくるまわって、それからどたっと倒《たお》れるだろうねえ。」

（宮沢賢治《みやざわけんじ》『注文の多い料理店』より）

① 「二人の若《わか》い紳士《しんし》」は、どんなかっこうをしていますか。

［　　　　］のかっこうで、［　　　　］をかついでいる。

② 「二人の若《わか》い紳士《しんし》」は、どんな人物だと思われますか。

ア 自分中心のいばった人物。

イ 友情《ゆうじょう》にあつい、やさしい人物。

ウ 正義感《せいぎかん》にあふれる人物。

［　］

なるほど！　「快」の「忄」は「りっしんべん」というよ。もとの形は「心」で、心に関係する意味を持つよ。

説明文の読み取り④

～要旨《ようし》をとらえよう～

勉強日　　月　　日

点数　　　点

答え▼別さつ18ページ

1 次の文章を読んで、問題に答えましょう。

1つ12点 60点

頭の活動、はたらきということからすれば、食前と食後では比《くら》べものにならない。断然《だんぜん》、前がいい。胃《い》が消化活動に忙《いそが》しいとき、頭はひとときはたらくことを中止して、胃《い》の消化に協力する。しばらくすると、ようやく頭を動かし始められるが、はじめのうちはかなりゆっくりしたはたらきになる。

つまり、ものを食べると、思考はしばし休業する。そして空腹《くうふく》になるにつれて、またすこしずつ働きがよくなる。

（外山滋比古《とやましげひこ》『忘却《ぼうきゃく》の整理学』より）

① 「頭の活動、はたらき」は、食前と食後のどちらがいいのですか。

［　　］がいい。

② ①の理由を、筆者はどのように説明していますか。

胃《い》が［　　］活動に忙《いそが》しいときには、頭ははたらくことを中止して、胃《い》に［　　］するから。

③ 休業した思考は、その後どうなりますか。□に入る言葉をぬき出しましょう。

［　　］になるにつれて、すこしずつ働きが［　　］なる。

2 次の文章を読んで、問題に答えましょう。

例えば、何か申し出を断《ことわ》るときでも、敬語《けいご》が上手な人は、「大変ありがたいお申し出でございますけれども、このたびはご遠慮《えんりょ》させていただきたく存《ぞん》じます」と、丁寧《ていねい》な断《ことわ》り方《かた》ができるので、断《ことわ》られた方もそれほどいやな気持ちになりません。

殺伐《さつばつ》としてしまいがちな状況《じょうきょう》であっても、敬語《けいご》がうまく使えると、表現《ひょうげん》がオブラートにくるまれたような柔《やわ》らかなものになるので、場の空気を悪くすることなく話を進めることができます。つまり、敬語《けいご》が緩衝材《かんしょうざい》（クッション）として機能《きのう》するということです。

（齋藤《さいとう》 孝《たかし》『学校では教えてくれない日本語の授業《じゅぎょう》』より）

① 敬語《けいご》が上手な人の断《ことわ》り方《かた》の話は、どんなことの例として挙げられているのですか。□に入る言葉をぬき出しましょう。

1つ10点 20点

敬語《けいご》がうまく使えると、表現《ひょうげん》が［　　　］になるので、［　　　］を悪くすることなく話を進められること。

チャレンジもんだい

② 筆者の言いたいことがまとめられている一文を、ぬき出しましょう。

20点

［　　　　　　］

なるほど！

「消化」は、同じ読み方の「消火」とまちがえやすいので、気をつけよう。
「消火」は、「火を消すこと」だよ。

漢字⑥

～同じ読み方の漢字～

Webおかわりもんだい
国語③をみてね

勉強日　　月　　日

点数　　点

答え▼別さつ18ページ

1

同じ音《おん》の漢字を書きましょう。 1つ4点 24点

① □《せつ》約の仕方を□《せつ》明する。

② 海の成□《こう》を□《こう》を願う。

③ 栄□《よう》をとる必□《よう》がある。

2

次の文の――線の言葉は、□の中のどちらを使うのが正しいですか。記号で答えましょう。 1つ3点 12点

① この本は、小学校の高学年をたいしょうにしている。
ア 対照　イ 対象　□

② 社会科の授業《じゅぎょう》で、げんし時代について勉強した。
ア 原子　イ 原始　□

③ 今日、町を歩いていたら、いがいな人と出会った。
ア 意外　イ 以外　□

④ 町の歴史《れきし》にかんしんがあるので、先生に話をきいた。
ア 関心　イ 感心　□

3

次の読み方の漢字を□に書きましょう。 1つ8点 64点

① きょうそう
㋐ 五十メートル□□で一位になる。
㋑ 自然界の生ぞん□□はきびしい。

② きかん
㋐ 長い□□、休みをとる。
㋑ 消化□□の調子が悪い。

③ なおす
㋐ こわれた道具を□す。
㋑ 病気を□す。

④ やぶれる
㋐ 一点差で試合に□れる。
㋑ うすい紙が□れる。

なるほど！
「きかん」と読む言葉は、ほかにも「機関」「気管」「基幹」「季刊」などたくさんあるよ。

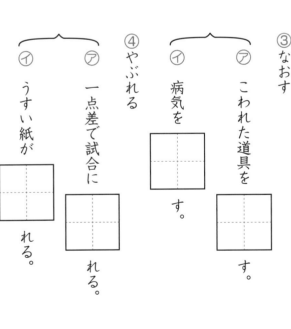

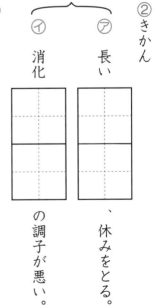

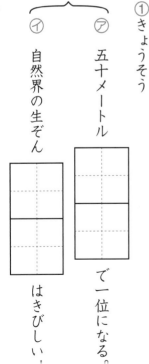

21 作文②

～構成を考えて文章を書こう～

Webおかわりもんだい 国語⑥をみてね

勉強日　　月　　日

点数　　点

答え▶別さつ18ページ

1 次の発表文を読んで、問題に答えましょう。

1つ20点　100点

ぼくは、信号のない横断《おうだん》歩道をわたるときに、自動車がスピードをゆるめずに横切って行き、ひかれるのではないかとこわくなったことがあります。そのことをきっかけに、信号のない横断《おうだん》歩道では、歩行者がゆう先なのか自動車がゆう先なのかを調べてみようと思いました。

まず、国のきまりを調べてみました。すると、信号のない横断《おうだん》歩道でわたろうとする歩行者がいるときには、自動車は止まらなければいけないことがわかりました。つまり、歩行者がゆう先なのです。

また、信号のない横断《おうだん》歩道でわたろうとする歩行者がいる場合に、どれくらいの自動車が止まるのかということも調べてみました。すると、なんと八わり以上の自動車は止まってくれないということがわかりました。

これらのことから、ぼくは、横断《おうだん》歩道では歩行者がゆう先だということをわかっていない人が多いのではないかと思いました。ぼくのようにこわい思いをする人がいなくなるように、自動車を運転する人には気をつけてほしいと思います。そして、ぼくたち、歩行者にできることもあると思います。横断《おうだん》歩道で自動車が止まってくれたときには、わたったあとに、おじぎなどをして、ありがとうの気持ちを伝えることを提案《ていあん》します。これを積み重ねていけば、自動車を運転する人の気持ちも変わると思います。

① この発表文は、どんな構成《こうせい》で書かれていますか。書かれている順番に、記号をならべましょう。

ア 調べたこと。
イ 調べた結果から考えたこと。
ウ 調べようと思ったきっかけ。

[　　] → [　　] → [　　]

② 「ぼく」が調べたことを二つ書きましょう。

・国の[　　　　]。

・信号のない横断《おうだん》歩道でわたろうとする歩行者がいるとき、どれくらいの[　　　　]ということ。

③ 「ぼく」は、調べたことから、どんなことを思いましたか。

横断《おうだん》歩道では歩行者がゆう先だということを[　　　　]と思った。

④ 「ぼく」は、歩行者にもできることとして、どんなことを提案《ていあん》していますか。

横断《おうだん》歩道をわたったあとに、おじぎなどをして、[　　　　]こと。

なるほど！

「構成《こうせい》」「厚生《こうせい》」「公正」「後世」のように、同じ読み方で、意味や使い方がちがう言葉のことを同音《どうおん》異《い》義《ぎ》語《ご》というよ。

22 物語の読み取り⑤

～物語を読もう～

勉強日　　月　　日

点数　　　点

答え▼別さつ17ページ

1 次の文章を読んで、問題に答えましょう。

輪《りん》は、葵《あおい》らとともに、フィギュアスケートのジュニア選手権《せんしゅけん》に出場している。

観客みんな、瀬賀《せが》の演技《えんぎ》を夢中《むちゅう》になって見つめている。ジャンプだけじゃなくて、スピンもステップも、カンペキすぎて見てるのが嫌《いや》になってきた。

「おれちょっと裏《うら》の通路でストレッチでもしてくるわ」

「急に何言うてんねん。瀬賀《せが》だけは見とこうって言うたん、輪《りん》やないか」

「そやけど、でも……」

「それに、輪《りん》の滑走順《かっそうじゅん》って次やろ。どうせすぐに戻《もど》ってこなあかんやん」

葵《あおい》の言うことはもっともだった。瀬賀《せが》の演技《えんぎ》が終わり次第《しだい》、次の滑走順《かっそうじゅん》のおれはリンクに出ていかなければいけない。もう一度裏《うら》に戻《もど》っている時間はなかった。

瀬賀《せが》の華麗《かれい》な演技《えんぎ》に、会場の雰囲気《ふんいき》はますますヒートアップしていた。見たくないはずなのに瀬賀《せが》の動きから目が離《はな》せない。熱い空気に取り巻《ま》かれて、頭に血が上っていく。いつのまにか、見えている光景も聞こえている音も、どこか遠いところの出来事みたいに遠くぼんやりしている。自分だけが置き去りにされているように思えて、めまいがした。

「……輪《りん》、輪《りん》！　終わってるよ」

葵《あおい》に背中《せなか》を叩《たた》かれて我《われ》に返った。

リンク上では演技《えんぎ》を終えた瀬賀《せが》が、観客の拍手《はくしゅ》に応《こた》えてお辞儀《じぎ》をしている。

（風野《かぜの》　潮《うしお》『クリスタル エッジ』より）

① この文章では、どんな場面がえがかれていますか。□に当てはまる人物名を書きましょう。（1つ10点）30点

滑走順《かっそうじゅん》が次の［　　］が［　　］と話しながら、［　　］の演技《えんぎ》を見ている場面。

② 輪《りん》が、「おれちょっと裏《うら》の通路でストレッチでもしてくるわ」と言ったのは、なぜですか。20点

瀬賀《せが》のカンペキな演技《えんぎ》を見ているのが［　　　　　　］から。

③ 瀬賀《せが》の演技《えんぎ》を見ているときの輪《りん》は、どんな様子でしたか。（1つ10点）30点

見たくないはずなのに［　　　　］ず、頭に［　　　　　］いき、見えている光景も音も遠くぼんやりして、自分だけが［　　　　　　　　　　］ように思っている。

④ 瀬賀《せが》の演技《えんぎ》に気を取られていた輪《りん》の気持ちが現実《げんじつ》にもどったことがわかる一文をぬき出しましょう。20点

［　　　　　　　　　　］

なるほど！

「夢中《むちゅう》」をふくむ四字熟語《じゅくご》に「無我夢中《むがむちゅう》」があるよ。われをわすれるほど夢中《むちゅう》になるという意味を表すよ。

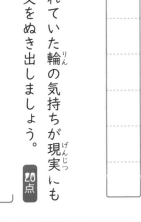

一学期のまとめ

点数　　点

答え▼別さつ17ページ

勉強日　　月　　日

1 次の文章を読んで、問題に答えましょう。

個体《こたい》どうしが出会ってちょくせつに（あ）闘《たたか》うことがなくても、木の葉を端《はし》から食べていく毛虫たちのように、どの個体《こたい》がより速く食べられるかによって競争が起こっているときもあります。肉体的に闘《たたか》わなくても、食べ方の遅《おそ》い個体《こたい》は、結局、得《え》られる資源《しげん》が少なくなってしまいます。このようなタイプの競争を、「スクランブル型《がた》競争」と呼《よ》びます。

海底の砂地《すなじ》にもぐるカレイを考えてみましょう。カレイの仲間は、砂地《すなじ》に隠《かく》れて獲物《えもの》のクモヒトデなどが近づいてきたところを襲《おそ》って食べます。隠《かく》れていることが見つかると、獲物《えもの》は逃《に》げていってしまいます。そこで、他の個体《こたい》よりもほんの少しカムフラージュ※にたけた色模様《いろもよう》をしたカレイがいたとしましょう。そういうカレイは、他のもっと目立つ色模様《いろもよう》をしたカレイよりも、捕食《ほしょく》に成功する確率《かくりつ》が高くなるはずです。この場合、カレイたちは、普通《ふつう》の意味では、自分のからだの色模様《いろもよう》がどのくらい目立たないかに関して「競争している」とは言わないでしょうが、生き残って繁殖《はんしょく》するということにおいて、確《たし》かに、からだの色模様《いろもよう》は大きな影響《えいきょう》を及《およ》ぼしています。

このように、個体群《こたいぐん》が無制限《むせいげん》に増加《ぞうか》していくのを止めているげんいん（い）にはさまざまなものがあり、そこには、肉体的な闘争《とうそう》ばかりでなく、いろいろなタイプの競争が働いています。

※カムフラージュ…相手から見えないようにすること。

（長谷川眞理子《はせがわまりこ》『進化とはなんだろうか』より）

① 〰線あ・いを漢字に直しましょう。（1つ10点）20点

あ［　　　］　い［　　　］

② 「海底」と熟語《じゅくご》の成り立ち（構成《こうせい》）が同じものを次から選んで、記号で答えましょう。15点

ア 幸福　イ 青空
ウ 登山　エ 明暗

［　　］

③ 「スクランブル型《がた》競争」の例として、最初の段落《だんらく》にはどのような競争が挙げられていますか。15点

どの個体《こたい》が［　　　　　　］によって起こる競争。

④ 少しカムフラージュにたけた色模様《いろもよう》をしたカレイは、なぜ他のカレイよりも獲物《えもの》を多くとることができるのですか。（1つ15点）30点

カムフラージュにたけた色模様《いろもよう》だと［　　　　　　］ので、［　　　　　　］色模様《いろもよう》をしたカレイよりも獲物《えもの》に見つかりにくいから。

チャレンジもんだい

⑤ この文章で、筆者はどんなことを言っているのですか。20点

生き物の個体群《こたいぐん》が増《ふ》えすぎるのを止めるために、［　　　　　　］ということ。

なるほど！
「無制限《むせいげん》」の「無」は、言葉の上について、その意味を打ち消す働きをするよ。
「無」のついた三字熟語《じゅくご》には、「無関心」「無意味」「無意識《むいしき》」などもあるよ。

夏休み 学習カレンダー

小学5年

このカレンダーの使い方

カレンダーに予定を書きこんで，夏休みのスケジュールを管理しましょう。また，勉強やお手伝いなどの目標を設定して夏休みの最後にふり返ってみましょう。

はじめに、◠の中に曜日を書こう。			その日の予定を書きこもう！宿題も忘《わす》れずにね。	〈例〉 18 ・算数プリントをやる ・ピアノのおけいこ	7月 19	20
21	22	23	24	25	26	27
28	29	30	31	8月 1	2	3
4	5	6	7	8	9	10
11	12	13	14	15	16	17
18	19	20	21	22	23	24
25	26	27	28	29	30	31

夏休みの目標とふり返り

まず目標を立ててみよう。夏休みの最後に，できたかどうか，ふり返ってみてね。

毎朝起きる時間

早ね早起きで生活リズムを整えよう！

目標　　時　　分ごろ　起きる！

ふり返り　　時　　分ごろ　起きた！

勉強

例：「今まで習った漢字を完ぺきにする」「自由研究で〇〇をやる」など

目標

ふり返り

運動

例：「プールで50m泳げるようになる」

目標

ふり返り

読書

好きなジャンルの本だとたくさん読めるかな？

目標　　冊《さつ》　読む！

ふり返り　　冊《さつ》　読んだ！

お手伝い

例：「毎日おふろそうじをする」

目標

ふり返り

その他

夏休みの間にやりたいことなど，自由に書いてね！

目標

ふり返り